高铁对宏观经济的影响及其对“一带一路”沿线国家的启示

李自杰　张般若　等　著

对外经济贸易大学出版社
中国·北京

图书在版编目（CIP）数据

高铁对宏观经济的影响及其对“一带一路”沿线国家的启示 / 李自杰等著. —北京：对外经济贸易大学出版社，2023.11

ISBN 978-7-5663-2554-9

Ⅰ. ①高… Ⅱ. ①李… Ⅲ. ①高速铁路–影响–宏观经济–研究 Ⅳ. ①F015

中国国家版本馆 CIP 数据核字（2023）第 220388 号

高铁对宏观经济的影响及其对“一带一路”沿线国家的启示

李自杰　张般若　等　著

责任编辑：柴　浩

出版发行：对外经济贸易大学出版社
社　　址：北京市朝阳区惠新东街 10 号
网　　址：www.uibep.com
资源网址：www.uibepresources.com
邮政编码：100029
邮购电话：010 – 64492338
发行部电话：010 – 64492342
E-mail：uibep@126.com

成品尺寸：170mm×240mm
印　　张：13.25
字　　数：202 千字
ISBN 978-7-5663-2554-9
印　　刷：北京九州迅驰传媒文化有限公司
版　　次：2023 年 11 月北京第 1 版
印　　次：2023 年 11 月第 1 次印刷
定　　价：52.00 元

前　言

基础设施互联互通是“一带一路”建设的重要基础和优先领域，也是促进沿线国家和地区的经济发展、切实造福当地企业和居民的重要支撑，是国家间实现务实合作和互利共赢的依托。中国提出“一带一路”倡议以来，已有上百个国家和国际组织积极支持响应。同时，中国已与许多国家和国际组织签署了共建“一带一路”的合作协议，在交通、能源、通信等基础设施领域的规划建设、综合服务、质量技术标准、政策机制等方面进行对接协商，推动了一大批重大合作项目建设，成为“五通”（即政策沟通、设施联通、资金融通、贸易畅通、民心相通）中取得较大收获的先行领域，这不仅对于“一带一路”沿线国家有着重要的经济贡献，也为政策沟通、资金融通、贸易畅通、民心相通提供着强有力的基础性支撑。

本书聚焦高速铁路对宏观经济的影响，关注交通基础设施对于经济发展、碳排放强度、收入差距、就业活跃度、企业供应商关系等多方面的影响。为了给本书的相关研究提供更翔实的第一手资料，同时进一步深入探索和了解高铁对于地区经济的切实影响，本项目组成员耗时一年多的时间进行了大量的实地调研和数据收集工作。在一手数据方面，我们组织了由多位教授、副教授、助理教授以及在读博士生的调研团队，于 2019 年赴中国高铁沿线的几个代表性城市，例如京沪线和苏嘉甬线经过的江苏省苏州市相城区、宝兰线和兰新线经过的甘肃省兰州市等，与当地政府部门、高铁规划和建设单位以及当地企业进行调研和访谈，积累了大量图片、音频、视频资料和相关数据。在国内调研之后，为了深入了解“一带一路”沿线国家的高铁建设情况及“一带一路”倡议中“设施联通”的进展情况，我们选择了泰国作为国外调研的目的地，重点考察中泰高铁发展的驱动因素、现状、影响及未来合作方向。选择中泰高铁作为调研重点的原因有以下两点：首先，泰国是一个与中国有着紧密经济联系的重要的新兴工业化国家，是仅次于印度尼西亚的东南亚第二大经济体。2019 年，中国首次超过日本成为泰国第一大外商投资来源国。中国以 203 个新批投资项目、共计 2 600 亿泰铢（约 85.6 亿美元）的投资额，在 2019 年泰国吸引的外商直接投资总额中占比过半。泰国重要的地理位置以及与中国密切的经贸往来史，使其成为“一带一路”版图中的重要组成部分。其次，中泰铁路是连接中国、老挝、泰国的“大动脉”，按计划建成后将实现昆明至曼谷之间的朝发夕至，不仅促进“一带一路”的互联互通，也将成为泛亚铁路发展中非常重要的一步。但中泰铁路的建设过程十分艰难，虽然全长 252.3 公里的中泰高铁合作项目一期工程（曼谷—呵叻）启动于 2017 年 12 月，但到 2020 年仅完工了首段 3.5 公里的建设。虽然 2021 年 3 月 29 日，中泰高铁合作项目一期的三个标段的施工协议已签署，但原计划 2022 年全线通车的中泰高铁目前仅能预计在 2026 年年底至 2027 年年初实现一期路段的竣工通车。事实上，泰国高层中对于是否修建高铁，以及与中国和日本中的哪方进行合作，一直有着较大的分歧和争论。因此，通过对中泰高铁这一矛盾焦点的调研也有助于我们进一步通过中国高铁的研究，为“一带一路”沿线国家提出切实可行的启示和建议。

此外，我们还通过多种渠道搜集和整理了大量所需的二手数据。高铁相关数据方面，我们获取了中国研究数据服务平台（CNRDS）中的高铁线路、站点、开通时间等原始信息并进行整理，进一步通过中国国家铁路集团有限公司网站、《中国铁道年鉴》、高铁规划图、列车时刻表等进行补充。城市层面相关数据方面，我们手工整理了历年的《中国城市统计年鉴》，并根据 EPS 全球统计数据/分析平台、国务院发展研究中心信息网、CNRDS、《国民经济与社会发展统计公报》等对缺失数据进行补充。根据子研究的不同侧重，我们也从历年《中国电力年鉴》和《中国能源统计年鉴》、北京大学企业大数据研究中心、CSMAR 数据库和 RESSET 金融研究数据库搜集了国家、地区和企业层面的二手数据，将不同来源的数据进行匹配后，形成了本书实证研究的数据库。

本书是对外经济贸易大学中央高校基本科研业务费专项资金资助——

2019 年度“一带一路”研究系列著作项目（批准号：TS4—16）的研究成果之一，项目负责人为对外经济贸易大学国际商学院李自杰教授。本书的具体分工如下：第一章：李自杰、张般若；第二章：邓子因；第三章：苏萌萌、李自杰、张般若；第四章：王璐、李自杰、张般若；第五章：张般若、李自杰、何文龙；第六章：张般若、李自杰；第七章：李雅婷、李自杰、张般若。

目　录

第一章　引　　言

自“一带一路”倡议提出以来，中老铁路、中泰铁路、雅万高铁、匈塞铁路等项目扎实推进，瓜达尔港、汉班托塔港、比雷埃夫斯港、哈利法港等项目进展顺利，空中丝绸之路建设加快，已与上百个国家和地区签署了双边政府间航空运输协定，中俄原油管道、中国—中亚天然气管道、中俄天然气管道东线等能源项目有序推进。从公路到铁路，从海运到航空，从油气管线到海陆光缆，中国与“一带一路”沿线国家的陆上、海上、天上、网上四位一体的互联互通网络已初具规模。

“要想富，先修路。”交通基础设施的建设和发展会对宏观经济的发展产生重要影响，当前进一步系统研究“一带一路”背景下交通基础设施建对沿线地区的影响有着更鲜明的时代意义。肯尼亚百年来首条新修建的铁路——蒙内铁路（从蒙巴萨到内罗毕的标轨铁路），由中国交通建设集团有限公司承建并运营，全产业链采用中国标准。这一项目在建设期间就为肯尼亚创造了 4.6 万个就业岗位，推动 GDP 增长了 1.5%。经济成长阶段论认为，发展中国家应该优先发展交通基础设施。交通基础设施修建带来的直接作用，如增加就业岗位和促进 GDP 增长的作用显而易见，但交通基础设施对沿线地区产生的深远的间接影响尚没有得到清晰的认知。

高铁作为提振经济、促进发展的交通基础设施投资项目，已经成为带动我国整体经济增长的重要力量。自 2014 年以来，中国高铁也不断在世界各国开始规划和建设，中国高铁“走出去”的足迹已遍布许多国家和地区，尤其是“一带一路”沿线，成为中国制造的重要标杆。同时，对于“一带一路”

沿线国家来说交通基础设施是经济发展的命脉，高铁的建设为经济发展提供了重要的契机和动力。

2021 年 12 月 3 日，连接昆明和万象、全线采用中国标准的中老（中国—老挝）铁路全线开通运营，老挝自此迈入到崭新的高铁运输时代。在此之前，老挝原有的交通基础设施建设较为落后，铁路公里数在全世界有铁路的 146 个国家中排名倒数第 4，且为内陆国家，也不适用于海运。中老高速铁路的建成，预计将为老挝创造 10 万多个工作岗位，还将从根本上改变老挝的区域经济格局及物流环境，对推动当地经济发展和提高人民生活质量具有重要作用。尽管如今老挝已经开始了高铁的发展，以泰国、越南为代表的许多其他“一带一路”沿线国家也在积极规划和修建高铁，但整体而言，这些国家的高铁发展仍处于起步阶段，尚不能为研究高铁对其宏观经济的影响进行充分地分析和探讨。而中国自 2008 年以来，已经建成了较为密集的高铁网络，高铁产生的作用已经充分反映在了经济社会发展的方方面面，因此以中国作为代表和示范，探索高铁对宏观经济的影响，将为“一带一路”沿线国家提供许多有价值的启示。

整体而言，高铁在宏观层面的影响主要体现在：一方面，高铁开通能够缓解地理距离导致的时空约束，改善区域之间的可达性，加快信息和劳动力等资源的跨区域流动，降低城市对于知识等资源的获取、创造和转移成本，有利于区域间人口的迁入与迁出，促进旅游、餐饮和房地产等服务业的发展，增加沿线城市的就业机会，提高其市场消费能力，最终促进经济的增长。同时，建设高铁所需要的资本投入以及随着高铁开通所带来的高新技术产业的发展，也能够直接刺激经济的增长。而且，高铁开通具有很强的“虹吸效应”，能够加快人才、知识和生产要素等的聚集和传递，进而产生城市集聚效应，为经济增长奠定良好的知识和人力资本基础。另一方面，从信息流动的角度来讲，我国地域广袤，人口众多，信息在城市之间的传递会受到多种“噪音”的影响。而在交通较为便利的地区，地理距离对信息传递的负面影响相对较弱。高铁的开通能够压缩时空距离，改善可达性，降低信息不对称程度，提高信息传递的质量和效率，促进经济协同发展。

因此本书聚焦高速铁路对宏观经济的影响，关注交通基础设施对于经济发展、碳排放强度、收入差距、就业活跃度、企业供应商关系等多方面的影响。本书从高铁的经济效益、环境效应、社会效应等多方面影响出发，通过文献梳理、理论推演和多个定量研究，对高铁的作用进行探索，认为高铁可以通过多种作用渠道影响运输成本、区域经济差距、经济增长等，从而进一步起到促进低碳经济、提升沿线地区创业活跃度、改善企业与供应商关系和效率等多方面的积极作用。借此，本书提出高铁对宏观经济影响带给"一带一路"沿线国家的启示。例如，沿线国家如何借助高铁开通的契机，加强交通基础设施建设，采取措施促进人口和产业的集聚，并借机营造创新高效的社会环境。同时，当地国家和地方政府可以借助交通成本的降低和旅行时间的减少发掘地方优质资源，如规划特色旅游景区、建设高新产业园区等，因地制宜，发挥当地特色和优势，实现高能耗、高污染产业转型升级。

本书一共包含七章，第三章到第七章分别从不同方面对以高铁为代表的交通基础设施对宏观经济的影响进行了研究，在每一章的最后一节，我们根据该章的研究结论对"一带一路"沿线国家提出了针对性的启示和建议。

第一章为全书的引言，该章节简要阐述了高铁为代表的交通基础设施建设对于沿线国家及地区的经济发展、碳排放强度、收入差距、就业活跃度、产业活动中供应商关系等多方面的促进作用，并且对全书的主要内容进行了归纳与总结。

第二章为文献综述，该章从当前高铁相关研究的研究主题、研究理论和研究方法三个方面对已有研究进行了梳理和总结，为后续章节的进一步研究找到了空白，指明了方向。

第三章主要从信息流动的角度探索高铁开通对于经济发展的影响，认为高铁开通能够压缩时空距离，促进地区间信息和要素的流动，对于经济增长至关重要。该章选取中国 327 个城市 2003—2017 年的面板数据，采用多期双重差分法对高铁开通对经济增长的影响进行实证检验，并进一步从政府竞争压力和信息流动的角度分析政府效率和创新环境在高铁开通和经济增长之间关系的调节作用。研究发现：首先，高铁开通对地区经济增长具有显著的促进作用；其次，政府效率负向调节高铁开通和经济增长之间的关系，创新环境正向调节高铁开通和地区经济增长之间的关系；最后，政府效率和创新环境的调节作用在城市群中心城市、城市群外围城市和非城市群城市之间存在区域异质性。

第四章主要从城市群的角度，对高铁为代表的交通基础设施建设与收入差距间的关系进行了研究。具体而言，该章基于新经济地理理论的视角，研究了中国高速铁路的发展对城市群内城市间收入差距的影响、作用机制以及该影响存在的异质性特征。理论研究表明，高铁的发展通过“时空压缩效应”降低了城市群内城市之间的运输成本、提高了城市间的可达性，促进各类生产要素在各城市间自由且快速地流动，从而推动城市群多中心空间结构的演化、经济集聚与技术的进步，进而缩小城市群收入差距。实证结果表明，高铁发展水平的提高显著缩小了城市群收入差距，而多中心空间结构、经济集聚和技术进步是高铁发展水平影响城市群收入差距的重要机制。进一步分析表明，城市群的产业结构调整与城市群规模对高铁发展水平与城市群收入差距之间的关系存在显著的正向调节效应。高铁发展水平对南方城市群收入差距的缩小效应相较北方城市群来说更为显著；对沿海地区城市群收入差距存在显著的缩小效应，对非沿海地区城市群收入差距的缩小效应并不显著。总体来说，高铁的建设发展压缩了城市群内城市之间的时间距离与空间距离，促进了城市群内要素的流动、集聚和扩散，有利于缩小城市群内城市间的收入差距。该章为下一步“一带一路”沿线国家的高铁建设规划、充分发挥高铁经济效应、缩小地区收入差距以及区域经济协调发展提供了经验证据和政策启示。

第五章从城市创业活跃度的角度探究以高铁为代表的交通基础设施建设对沿线地区带来的影响。该章首先通过文献回顾发现以高铁为代表的交通基础设施建设深刻影响着沿线城市经济社会发展，但其对城市创业活跃度的影响和机制尚未得到充分研究。该章将高铁通车作为一项自然实验，选取中国 288 个城市 2003—2017 年的创业数据，采用双重差分法考察高铁对沿线城市创业活跃度的影响，并通过中介效应模型分析其作用机制。研究发现：

高铁开通会显著提升沿线城市的创业活跃度，且该影响平均存在两年时滞，即在高铁开通后的第三年城市创业活跃度得到显著提升；就业集聚和技术进步在高铁提升城市创业活跃度的作用中发挥中介作用，即高铁通过提升沿线城市的就业集聚程度、促进技术的进步，进而对创业活跃度起到积极作用；另外，高铁对城市创业活跃度的影响存在区域异质性，相较于中国西部，城市群外围城市对于中国东部、中部城市以及城市群内城市的创业活跃度有更显著的积极影响。

第六章关注高铁开通是否能够促进碳排放强度的下降，从而起到促进低碳经济发展的作用。低碳经济是当前及未来经济社会发展的重要任务之一，目前对高铁的降碳作用尚未得到充分研究。该章以中国 283 个地级市 2003—2016 年的面板数据为样本，采用控制了时间和个体效应的多期双重差分法进行分析，探究高铁是否存在降低碳排放强度的作用，并进一步通过中介效应模型分析该影响的作用机制。研究发现：首先，高铁的开通会显著降低沿线城市的碳排放强度，且该影响平均存在三年的时滞，在高铁开通后的第四年碳排放强度显著降低，且在此之后下降趋势逐渐扩大。其次，产业结构调整在高铁开通降低碳排放强度的影响中起部分中介作用，但经济集聚机制未通过中介效应检验。最后，高铁开通降低碳排放强度的作用存在区域异质性，该作用在西部地区城市更显著。在剔除省会城市样本后，高铁开通的降碳作用在中西部城市显著，而在东部地区城市中没有显著影响。该结论为“一带一路”沿线国家高铁建设和城市低碳经济发展提供了一定启示意义。

第七章从产业层面着手，探究高铁开通对于缓解信息不对称问题起到的作用。该章以 2003—2019 年中国 A 股上市企业为样本，采用双重差分法，以中国高铁开通的“准自然实验”为契机，衡量信息不对称的改变对企业供应商关系型交易的影响。研究发现，企业所在地级市的高铁开通显著降低了企业供应商关系型交易。基于地级市地理特征构建工具变量缓解内生性问题后该结论依然稳健。此外，在信息不对称程度较高的情况下，高铁对供应商关系型交易的影响更显著；从企业特质角度进行的异质性分析发现，对于非国有以及市场竞争压力较大的企业，高铁对供应商关系型交易的影响更显著。研究结论表明，高铁促进了信息流动，有利于缓解信息不对称，降低企业间关系型交易行为，降低企业供应链风险，促进市场化交易。但是上述效应的作用效果与企业本身特质息息相关。该研究结果对“一带一路”沿线国家有着深刻的启示，即高铁建设通过降低信息不对称，能够帮助“一带一路”沿线国家提高市场化水平、促进市场化改革。

第二章　文 献 综 述

第一节　当前研究关注的研究主题

自 1990 年“八五规划”大规模启动高速公路建设以来，中国在短短二十年之内基本建成了国家高速公路网，高速公路里程在 2012 年超过美国，跃居世界第一位。从 2008 年开通第一条正式意义上的高速铁路——京津城际高铁开始，短短十几年间，中国从高铁落后国，一跃成为世界上拥有最大规模高速铁路网的国家。截至 2020 年年底，中国高铁运营里程已达 3.79 万公里，占全球高铁运营总里程的近七成。

一、高铁开通的直接影响

高铁开通对沿线城市的直接影响表现为，高铁提高了沿线城市的可达性水平，使城际间出行更加便捷。可达性是指利用一种特定的交通系统从某一给定区位到达活动地点的便利程度，反映了区域与其他有关地区相接触进行社会经济和技术交流的机会与潜力。丁金学等（2013）研究发现，500 公里以下的行程，高铁在经济、速度、舒适性以及便捷性效益等方面均远优于航空和公路交通；只有在行程大于 900 公里时，航空对高铁才具有明显优势。可以说，高铁的开通大大提高了距离在 900 公里以下城市的可达性。

研究者采用了多种方式探索高铁对沿线城市的直接影响。例如，张莉等（2013）以沪宁城际高速铁路开通前和开通后的主要线路旅行时间为原始数据，应用有利平均旅行时间模型、潜能模型、吸引力指数模型进行测量评价，对沪宁城际高速铁路开通前后的区域可达性进行对比，分析得出沪宁城际高速铁路提高了区域可达性。蒋海兵（2012）的研究则更侧重于 GIS 技术和空间数据库的应用，对我国客运量最大的高铁京沪高铁进行实证研究，发现高铁可从整体上提高区域可达性水平，对缩短中心城市间的时间距离产生一定的作用。

上述一类研究通过不同的指标和方法对高铁提升沿线城市可达性的作用进行了验证，但仍是基于某一特定线路或特定区域的样本进行分析，其结论是否能推广到更大范围尚待进一步验证。在此基础之上，进一步的研究将中国的全部城市作为研究对象进行了更深入的探索。例如，李金锴和钟昌标（2020）在城市可达性研究的基础上进一步分析可达性与就业机会之间的关系。通过匹配 2005—2017 年中国城市发展数据与高速铁路网络数据，定量分析中国高速铁路、城市可达性对就业机会的影响。研究发现高铁开通增强了可达性水平，提高了劳动力的流动能力，进而在交通便利的大城市出现人口外逃现象，而规模相对较小的城市则借助集聚成本低于大城市的优势，吸引了劳动力流入，因此可达性增强对就业密度影响不显著；城市可达性增强降低了劳动力搜寻工作的成本，增加就业机会，故失业人数减少，失业率下降。

与强调高铁开通对可达性的影响不同，另一部分研究也开始关注可达性对高铁开通的作用，将城市可达性作为情境因素探索高铁开通对沿线城市的影响。例如，王媛（2020）的研究侧重于高铁通车后的站区经济发展，并强调了市场可达性对高铁通车效应的影响，考察了高铁站区到其他城市的可达性以及到所在城市就业中心的可达性的影响。具体而言，该研究基于高铁、铁路、高速公路网络构造了随时间可变的城市可达性指标，并利用高铁站到市中心距离衡量城市中心的可达性。研究发现，城市可达性和城市中心可达性越强，高铁通车后站区经济活动密度越高；高铁站区的经济发展显著依赖于城市可达性和市中心可达性。

二、高铁开通的间接影响

高铁开通直接提高了城市间的可达性，同时，城市间收入差距、地区碳排放量、沿线城市人力资源、城市创新与创业等因素都随着可达性的提升进而发生变化。

（一）高铁开通对收入差距的影响

高铁开通对收入影响的研究，包括了对城市内部收入差距的影响、对沿线城市之间收入差距的影响两类。

对于城市内部收入差距，李静（2020）采用2013年我国城市规模、城市经济发展水平与收入差距的数据进行了实证检验。研究发现，大城市外来人口的比重越来越大，外来人口与迁入地的当地城市居民相比，仍存在着较大的收入差距。随着城市规模的扩大、城市经济水平的提升，城市内部收入差距在不断扩大；且二者之间存在倒 U 型关系的趋势。当前我国大多数城市仍处于拐点的左侧，并未达到均衡或者最优处的人口规模或经济发展水平。

已有研究发现交通基础设施的建设有助于缩小沿线城市的城乡间收入差距。刘晓光等（2015）采用中国1992—2010年分省面板数据进行计量分析，考察基础设施的城乡收入分配效应及其通过促进劳动力转移而缩小城乡收入差距的机制。基础设施可以同时提高农村居民收入和城镇居民收入，且对农村居民收入的提升作用更为显著，因而总体上可以缩小城乡收入差距。基础设施能够有效促进农业劳动力向非农部门转移，从而提高农业部门边际劳动生产率和农村居民收入，进而缩小城乡收入差距。罗能生等（2016）利用1990—2013年全国各省区相关面板数据，通过空间相关性分析和空间计量分析，揭示了交通基础设施对我国城乡收入公平的影响及空间溢出效应，发现交通基础设施建设有利于我国各省区城乡收入公平的改进，缩小了城乡收入差距；并且随着时间的推移和交通基础设施存量的增加，交通基础设施对城乡收入差距影响的边际效应有所下降。

虽然上述研究表明交通基础设施的发展有助于促进城乡收入公平，但昝欣等（2019）研究发现，对于不同规模的城市，交通对收入差距的影响具有异质性。通过匹配2005年我国1%人口抽样调查数据和272个城市的相关数据，研究发现在控制城市规模与其他城市属性的情况下，城市道路路网密度扩大了城市内收入差距；在经济发展水平较高与规模较大的城市，城市道路密度增加对城市内居民收入差距的影响较小；而对于经济发展水平较低与规模较小的城市，城市道路密度增加带来的影响较大。方大春等（2016）则进一步详细研究了高铁这一特定交通工具对特定地域收入差距的影响。该研究以长三角城市群为例，使用2006—2013年地级及以上城市数据，运用双重差分方法分析高速铁路建设对长三角城市群人均GDP增长率和城乡差距的影响，发现高速铁路建成后，对人均GDP增长率有显著性提高，而城乡差距有扩大的趋势。俞峰等（2020）则将研究范围从特定地域扩大到全国，采用1999—2013年中国333个地级市城市数据、高铁数据和地理矢量数据，研究发现：相对于未开通高铁的城市，高铁开通扩大了开通城市的城乡收入差距；高铁对城乡收入差距的扩大效应，在东部地区、京津冀地区、长三角和珠三角经济圈尤为显著；高铁通过对固定资本投资、财政支出等要素资源的虹吸效应减少了农村收入，进而扩大城乡收入差距。

除了单个城市内部的收入差距，也有研究聚焦于不同区域的城市间收入差距。张天华（2017）利用20世纪90年代前后的中国家庭收入调查数据考察市场化改革对城市规模收入效应的影响。实证结果表明，市场化改革以来，城市规模对劳动者的集聚效应逐渐消失，选择效应逐渐加强，表现为大城市系统性收入优势消失，低收入劳动者占比下降。劳动力从发展水平较低的城市边缘流动到发展水平较高的城市中心，优胜劣汰机制加大了劳动者的收入差距。刘修岩等（2017）应用1992—2013年的DSMP/OLS夜间灯光数据，对省份内部的空间结构和地区收入差距进行测度。发现在经济发展水平较高、基础设施条件较好且城市间距离适中的地区，多中心发展对地区收入差距的缩减效应更为明显。

国内外也有研究加入高铁开通的变量，探究高铁对城市间收入差距的影响。Baum－Snow等（2017）指出，高铁的径向连接往往促进郊区化发展，因此外围地区受益更多。研究认为，径向和环形公路都促进了人口向中心城市以外大量分散，而径向铁路则促进了工业生产及劳动力的分散。张学良、聂清凯（2010）

用案例分析法指出我国高铁的同城化效应，指出高速铁路的发展对社会经济的一体化发展发挥的积极作用。高速铁路的快速发展一方面能够加快城市群内部同城化趋势，另一方面也能够促进各大城市群之间的经济联系，从而使区域经济一体化趋势更加明显。

同时也有研究持相反观点，即高铁的开通反而让资源由欠发达地区流入发达地区，进一步加剧了地区间发展不平衡。Faber（2014）将中国的国家干线公路系统作为一个大规模的自然实验，研究发现中心地区的经济发展是以牺牲外围地区的利益为代价的，仅有利于最大城市发展并扩大地区之间的不均衡。大城市和周边地区之间的贸易成本不断下降，导致周边地区工业产出增长显著下降，进而抑制了城市周边地区的经济增长。Banerjee 等考察了改革开放 20 年来中国国内生产总值快速增长时期交通网络对区域经济的影响情况，研究发现靠近交通网络的各部门人均 GDP 水平均较高，交通网络与更高的收入差距和职业分散之间也存在正向关系。除了全国范围的分析外，董艳梅（2016）、王雨飞等（2016）也详细分析了高铁开通的区域异质性。董艳梅的研究构建了高铁建设对就业、工资和经济增长空间影响的理论模型，并运用 PSM－DID 方法对其进行了实证检验。结果表明，高铁建设显著提升了东中部大型高铁城市的就业水平。总体看，高铁建设对各地区高铁城市工资和经济增长影响的总效应均为正，扩大了各地区特别是中东部大型高铁城市与非高铁城市之间的工资差距和经济增长差距。王雨飞等则在区域异质性研究上更进一步，将全国划分为东部、中部、西部、东北部，采用全国 284 个地级及以上城市在 2004—2013 年《中国区域经济统计年鉴》和《中国城市统计年鉴》数据进行分析。结果表明，高铁开通后，中国区域间经济增长的溢出效应确有提高，同时也证明了交通对经济发展存在增长效应。交通发展改变了区域和城市的空间结构、分布结构和层级结构。从全国范围看，经济基础相对较好的东部和中部城市进入中心区，而经济基础薄弱的东北和西部地区面临被边缘化的危险。

（二）高铁开通对碳排放的影响

高铁对自驾车存在替代效应，高铁开通后更多乘客选择铁路交通而非驾驶私家车，可以有效降低碳排放；此外，高铁还可以通过促进经济集聚来对碳排放产生影响。

高铁对公路交通运输产生了有效的替代，通过改变私人出行方式的选择而减少汽车尾气排放，并缓解公路交通拥堵现象。相比普通铁路和公路交通运输，高速铁路能耗最低、污染最小。张汉斌（2011）以武广高铁为例，计算高速铁路相对普速铁路的碳减排效应。计算得出武广高铁每公里比普铁每年减排二氧化碳 2 190.55 吨，高速铁路比普速铁路更节能减排。梁若冰等（2016）利用双重差分等准实验方法估计了中国 14 个城市新开通的 45 条线路对空气污染的影响，发现轨道交通的开通具有显著且稳健的污染治理效应。而且还发现轨道交通可以通过对出租车出行的替代缓解较大规模城市的交通拥堵，而对二、三线城市的作用不显著。Wang 等（2019）利用中国 30 个行政区域的面板数据，考察了多种因素对二氧化碳排放的溢出效应。研究结果表明，二氧化碳排放的空间效应和时滞效应都很明显。此外，交通因素包括铁路因素和公路因素都对二氧化碳排放具有直接效应和溢出效应。李建明等（2020）则进一步详细分析了高铁开通带来的影响。该研究根据 2006—2016 年地级市及以上城市雾霾污染和高铁开通数据，分析了高铁开通对城市雾霾污染及其空间分布的影响。研究发现，开通高铁可以显著降低城市雾霾污染水平，且表现出随开通线路、开通年份和城市规模收益递增的特征。高铁开通的雾霾减缓效应主要是通过对公路客运量进行替代和促进产业结构调整实现的，且影响基于网络地位的不同而表现出差异性。Huang 和 Wang（2020）则引入绿色创新这一概念，以 2005—2016 年长江经济带的 108 个城市为样本进行研究。研究发现高速铁路促进了创新要素的流动性，进而促进了绿色创新效率。高铁对绿色创新效率的影响随着时间推移呈现倒 U 型，在第 5 年或第 6 年达到峰值；且绿色创新增长效应具有空间邻近性：距离每增加 1%，绿色创新效应降低 0.006 1%～0.012 4%。

经济集聚也对碳排放强度产生影响。邵帅等（2019）利用由 1995—2016 年中国 30 个省级地区数据所构成的动态空间面板杜宾模型，研究发现经济集聚与碳排放强度及人均碳排放之间均存在典型的倒“N”型曲线关系，而能源强度与碳排放强度及人均碳排放之间存在典型的倒“U”型曲线关系；当经济集聚水平达到一定阈值后，其可能同时表现出节能和减排的“双重”效应。任晓松等（2020）

研究发现，经济集聚与碳排放强度之间呈显著的负向关系，现阶段城市经济集聚水平的提高有利于降低碳排放强度；相对于低经济密度城市，高经济密度城市经济集聚的降碳效果更为明显；低经济密度城市经济集聚对碳排放强度的间接影响主要是通过城镇化水平来传导，而高经济密度城市经济集聚对碳排放强度的间接影响可以靠环境规制和城镇化水平两条路径来实现。豆建民（2015）根据2002—2011年中国285个城市的数据，研究发现经济集聚与单位产出的污染排放呈现倒“U”型关系，当经济集聚超过一定的临界点后，提高城市经济集聚有利于降低单位产出的污染排放强度。经济集聚的空间依赖会对临界点产生影响，增强城市间的空间关联同样可降低单位产出的污染排放强度。

（三）高铁开通对人力资源的影响

高铁开通极大程度缩短了城市间的时空距离，通过交通可达性的增强，加强了城市间的经济联系。高铁促进城市间生产要素的流动，增加了劳动者对于职住距离的接受程度，对人力资源的流通产生显著影响。

李金锴等（2020）匹配了2005—2017年中国城市发展数据与高速铁路网络数据，研究发现高铁开通、城市可达性的增强提高城市就业密度，显著降低了失业率，但对不同城市的就业密度呈现出异质性特征。该研究认为，高铁主要通过促进服务业集聚进而提升城市就业机会。陈婧和方军雄（2020）研究发现，高铁开通降低了高管薪酬业绩敏感性，并且在高管持股比例较低的企业、劳动力流动性较低的城市和非保护性行业中更明显，高铁开通提高了高管变更业绩敏感性，说明高铁开通后，企业增加了对代理权竞争机制的使用。杨金玉等（2019）将宏观层面的高铁开通和微观企业所关心的实际问题相结合，补充了高铁开通对人力资源流通影响的研究。研究选取2001—2017年中国A股上市公司数据检验了高铁开通对企业高管薪酬业绩敏感性的影响，研究指出高铁开通促进了人力资本流入，并具有人力资本配置效应。高铁开通减弱了企业人力资本人数黏性，增加了企业人力资本单位成本黏性；同时高铁开通也显著提高了个人的创新绩效，并对发生流动的人力资本的提升作用更强。

黎绍凯等（2020）探究了高铁对劳动力影响的区域异质性。研究发现，高铁开通加速了地区劳动力流通和资本积累，并且高铁建设主要通过提升资本和劳动力再配置效应来实现地区产业结构由低级向高级的动态转化。同时劳动力和资本再配置效率存在明显的区域差异性，即东、中部地区劳动力和资本再配置效率显著高于西部地区。李强（2021）则着重探究了长江经济带周边区域的规律，采用108个地级市2004—2018年的数据。研究发现，人口流动和资本流动是高铁开通扩大长江经济带城乡收入差距的重要机制。相较于未开通高铁的地级市，开通高铁的地级市在高铁开通后就业人数平均增加0.2个百分点，说明高铁的开通有利于就业人数的增加，促进了城乡之间的劳动力流动。杜兴强和彭妙薇（2017）则聚焦于高铁开通对不同类型企业的异质性，以2007年的高铁开通作为一个准自然试验背景，以是否具有博士学历作为高级人才的度量，通过控制年份固定效应和城市固定效应，构造了一个双重差分回归模型。研究结果表明，高铁的开通能够通过扩大市场规模，进而增加企业的数量和规模，显著增强城市对高级人才的吸引力，从而使该城市上市企业聘请的具有博士学位的高级人才人数增加。该影响对非国有上市企业显著，但是对国有上市企业的影响不显著。并且高铁的开通对中小城市和没有兴建机场的城市的边际贡献更大。分区域来看，高铁开通能够为东部地区的发展、中部地区的崛起和西部大开发战略输送高级人才，但并不利于东北老工业区吸引和留住人才。

（四）高铁开通对城市创新水平的影响

根据Wang和Xie等（2016）使用中国企业专利数据库和城市道路信息得出的结论，交通发展通过扩大市场规模和促进知识外溢来刺激创新，道路密度每提高10%，每家企业的平均获批专利数就会增加0.71%。作为一种高速的新型交通工具，高铁有效地打破了城市间往来的时空壁垒，并加快了劳动力等生产要素的流动速度。高铁在高技能劳动力和企业之间架起了桥梁，为企业的转型升级奠定了坚实的人力基础。

高铁开通后对沿线城市的创新水平会产生影响，且影响具有空间异质性和行业异质性。林晓言（2020）基于粤桂地区27个地级及以上城市2007—2017年的面板数据，运用DID模型检验高铁对城市科技创新的影响。研究发现，高铁开通和高铁服务强度促进了粤桂地区沿线城市的科技创新水平，且对核心城市的影响更大，同时经济发展和产业格局对城市的科技创新也起到了显著的正向影响。黄苏萍等（2018）选取长三角城市群内开通高铁的20个城市为研究样本，使用可达性度量潜力模型法分析高铁对沿线城市科技创新潜力演变的影响，发现高铁开通前长三角城市群内各城市科技创新潜力值差异不大，高铁开通后则差异凸显。吉赟和杨青则将研究范围从某一地区扩大到了全国，他们采集了2006—2016年中国200个地级市高铁开通站点的数据、1 559家A股上市公司的面板数据，研究发现高铁通车之后，沿线公司的专利授权、专利申请数量显著增加，且主要由发明专利驱动。机制分析发现高铁开通提高了本科及以上学历员工、技术员工在沿线企业的占比。

高铁对创新影响具有地域异质性，我国学者研究发现东部高铁开通引起的创新效应显著高于中部和西部。梁双陆和梁巧玲（2016）基于1998—2013年中国省域面板数据，采用动态面板模型和空间面板模型估计交通基础设施的产业创新效应。研究发现，交通基础设施的产业创新效应具有显著的“本地效应”和“跨区域溢出效应”，交通基础设施的产业创新效应具有明显的区域差异性；其中，东部交通基础设施的产业创新效应均高于中部，且铁路的产业创新效应高于公路，而西部交通基础设施的产业创新效应并不显著。杨思莹和李政（2020）基于我国285个城市2003—2016年的面板数据，指出高铁开通显著促进了城市创新水平提升，并且这种作用具有空间异质性特征。高铁开通能够显著提升科教发展水平较低城市和一般地级市的创新水平，而对科教发展水平较高城市、省会城市、直辖市和副省级城市创新水平影响并不显著。卞元超等（2019）采用2004—2015年中国287个地级市的数据，发现由于高铁开通所引发的创新要素流动效应，显著提升了区域创新水平。开通高铁城市的创新能力和创新速度持续提升，进一步拉大区域之间的创新差距。且高铁开通在促进区域创新过程中也存在着显著的时间动态效应。高铁开通能够促进东部地区城市创新活动的开展，也拉大了其内在的创新差距；但由于高铁开通所引发的人才流失，高铁开通对中部和西部地区创新活动及其差距的影响效应不显著。余泳泽等（2019）采用2008—2013年中国230个地级市的面板数据，研究发现高铁开通提升了人均专利引用量，同时加速了专利的折旧速度。高铁通过促进经济集聚、区域间合作与贸易以及企业间学习等方式增强了技术创新的外溢效应，大约存在 2～3 年的时滞。区域异质性方面，由于东部地区经济发展程度较高，加之高铁网络下的资源聚集作用，因此高铁开通对技术创新外溢的影响在东部地区更加显著。

除了区域异质性，我国学者研究发现高铁开通对创新的影响还存在行业异质性。谭建华等（2019）指出，相对于未开通高铁城市的上市公司，位于高铁开通城市的上市公司的各类专利申请数量显著增加，说明高铁开通提高了企业创新水平，且高铁开通对企业创新的促进作用主要体现在非国有企业、高新技术企业、融资约束较低的企业以及市场竞争激烈的行业。蔡晓慧和茹玉骢（2016）利用制造业企业的微观数据研究发现，短期内基础设施投资通过金融市场挤出企业研发投资；而在长期，随着基础设施资本存量增加，产品市场规模扩大会提高企业研发投资的资本回报，激励企业投入研发。基础设施改善有利于大企业研发，而会抑制小企业研发。

（五）高铁开通对其他因素的影响

徐强（2020）检验了高铁开通对工业企业全要素生产率的影响。他匹配2007—2013 年 271 个城市、高铁和工业企业数据，研究发现高铁开通显著提升了中国工业企业的全要素生产率；异质性检验结果显示，高铁开通对中心城市及其周围 1 小时高铁城市圈城市的非国有企业全要素生产率的提升作用最为明显，但是对地处偏远和小城市的企业的影响为负。城市创新、生产性服务业集聚以及企业创新是高铁开通促进企业全要素生产率提升的主要途径。

周玉龙等（2018）利用 2007—2014 年中国城市土地出让的微观数据，考察了中国高铁建设对城市建设用地市场的多重影响。研究发现设有高铁车站的城市比未设站城市的地价平均提高约 7.0%，且每多开设一个高铁车站，城市地价还会提高约 1.3%。高铁建设导致设站城市住宅用地和商业、服务业设施用地价格上涨，但是工业用地价格下降。用地行业的平均收入越高，或离市中心越近的地块，土地价格受高铁建设的正面影响越大；在城市层面，高铁显著提高地方政府的土地出让数量和出让金总额。

饶品贵等（2019）采用 2008—2017 年 7 598 个公司的年度数据，从供应商布局视角提供了高铁影响企业决策的直接证据。研究发现，企业所在城市开通高铁后，企业与供应商的平均地理距离明显增加，供应商的分布也更为分散。在行业竞争程度较高企业、民营企业、制造业企业和供应商集中度较低的样本中，高铁开通对供应商分布的影响更为明显。

赵静等（2018）采用 2005—2014 年的 A 股上市公司作为样本，采用双重差分法从股价崩盘风险的角度研究了高铁开通对经济发展的影响。研究结果表明，高铁的开通有效降低了开通地上市公司的股价崩盘风险，这一关系在信息不对称程度越高、监管力量较弱的环境下更为显著。

杨青等（2019）搜集 2006—2016 年中国 201 个地级市高铁开通的情况，并匹配了 A 股 1 244 家上市公司的面板数据，利用双重差分模型，研究了高铁开通对证券分析师盈余预测的影响。研究结果显示：高铁通车之后，分析师盈余预测的精准度显著提升，分歧度和乐观度显著下降。进一步考察高铁发挥作用的内在机制，发现高铁开通显著增加了对沿线公司进行实地调研的分析师数量及人均调研次数。

龙玉等（2019）选取从 2006—2016 年中国大陆的所有风险投资退出事件，利用高铁通车这一外生冲击，用风投支持企业的 IPO 和并购退出率、投资回报率来衡量被投资企业的绩效表现，考察了高铁带来的风投增值效应改变。研究发现，在高铁通车之后，风险投资和被投资企业之间的交流便利性提升，软信息更加容易传递。

第二节　当前研究采用的研究理论

一、空间层面的交通经济研究

冯·杜能首创城市区位模型，在模型中，他设想了一个孤立的城市，城市外农民的竞争最后使得农作物的布局将以同心圆的形式出现，这种结果本质上是由运输成本引发的竞争。Alonso（1964）用通勤者代替农民，用中央商业区代替孤立的城市，对冯·杜能的模型重新做了解释，又一次产生了土地利用的同心圆结果。

经济学家 Alfred Marshall 在冯·杜能研究基础上进一步拓展了这一模型，他在 1890 年发表的《经济学原理》中提出“经济的外部性”概念，他认为经济集聚的大城市的市场规模更大、临近原料产地和消费者、生产成本更低，企业具有更高的生产效率，劳动者能够获得较高的收入，因此企业获得了经济集聚的溢出效应，而劳动者也分享了这一溢出效应。

1950 年，经济地理学者弗朗索瓦·佩鲁在其论文《经济空间：理论与应用》中，探讨了经济增长的空间机制，得出了增长过程极化的著名论点。增长极理论认为：一个国家实现平衡发展只是一种理想，在现实中是不可能的，经济增长通常是从一个或数个“增长中心”逐渐向其他部门或地区传导。因此，应选择特定的地理空间作为增长极，以带动经济发展。该理论被认为是西方区域经济学中经济区域观念的基石，是不平衡发展论的依据之一。

我国学者在希望地理经济学的基础上丰富了模型。陆大道（1986）提出的“点—轴”系统，是在大尺度上关于社会经济空间组织的理论。这里的“点”是各级中心地，即各级中心城是各级区域的集聚点，也是带动各级区域发展的中心城镇。“轴”是由交通干线、通信干线、能源输送线和水源干线连接起来的“基础设施束”，对附近区域有很强的经济吸引力和凝聚力，而轴线上集中的社会经济设施通过物质流和信息流对附近区域有空间扩散作用。空间扩散是由社会经济空间结构不均衡引起的，由于存在着“梯度”和“压力差”，形成空间扩散的物质要素和非物质要素作用于附近区域，与区域生产力要素相结合，形成新的生产力，推动社会经济发展，最终导致区域空间结构均衡化。

以 Krugman（1991）为代表的“新经济地理”学派则以运输成本为基础开始了对空间集聚的微观机制研究。新经济地理学派运用了一个简单的“核心—外围”模型，分析一个国家内部产业集聚的形成原因。在这个模型中，处于中心或核心的是制造业地区，外围是农业地区，区位因素取决于规模经济和交通成本的相互影响。假设工业生产具有报酬递增的特点，而农业生产的规模报酬不变，那么随着时间的推移，工业生产活动将趋向于空间集聚。在资源不可流动的假设下，生产总是聚集在最大的市场，从而使运输成本最小并取得递增报酬。一个国家的地理区位可能有某种优势，它对另一地区的特定厂商具有一定的吸引力，并导致这些厂商生产区位的改变，一旦某个区位形成行业的地理集中，则该地区的聚集经济就会迅速发展，并获得地区垄断竞争优势。新经济地理理论将运输成本纳入到了理论分析框架之中，因为运输成本的降低会引发聚集经济、外部性、规模经济等问题，把这些要素融入企业区位选择、区域经济增长及其收敛与发散性问题中。

在新经济地理的基础上，Murata 和 Thisse（2005）将产品交通成本与劳动力通勤成本引入一般均衡框架，分析了两类成本对于城市内部集聚和分散的影响机制，对于研究城市经济行为具有重要的借鉴意义。

我国一些学者，例如刘修岩（2009）、杨仁发等（2017），则以新经济地理学模型为基础，同时讨论了集聚过程中市场潜能效应的货币外部性和经济活动集聚或产业集聚的技术外部性对地级市工资水平的影响。赵坚（2009）构建了引入空间维度的经济学理论模型。认为运输成本是克服空间障碍所花费的成本，运输成本必然要进入描述人们经济行为的需求函数和供给函数。经济过程是规模经济、运输成本、产业间分工和市场范围相互作用的动态过程，引入空间维度的经济学更接近现实的经济，可以解决不考虑空间维度所导致的新古典经济学的理论困境，用以说明专业化分工和贸易现象，解释交通运输与经济发展的关系。

张学良（2012）认为，在多维要素空间协同作用模型中，如果在模型中不考虑空间溢出效应，会高估交通基础设施投入对区域经济增长的作用。故引入空间维度的分析，对于辩证地认识交通基础设施与经济增长的关系具有重要意义。在影响区域经济增长的多维要素中，劳动力和其他公共部门的资本存量对中国区域经济增长的弹性仍然较大，新经济增长因素与新经济地理因素的作用也不容忽视。

刘生龙和胡鞍钢（2010）借助生产函数模型通过考察基础设施对全要素生产率的贡献说明了交通基础设施对经济增长的正向作用。胡煜和李红昌（2015）采用空间杜宾模型估计交通枢纽城市对当地经济影响的空间溢出效应，进一步分析了交通枢纽与城市集聚经济的关系。

除了以上两个学派，其他空间层面理论如下：贝托里尼（1996）的“节点—场所”橄榄球模型认为车站地区包含两种价值：节点（交通）价值和场所（功能）价值。两种价值必须相互协调，交互促进，才能使站点地区形成可持续发展模式。节点（交通）价值反映站点的交通属性，可达性是其主要测度指标；场所（功能）价值反映站点区域的功能属性，是对区域活动密度和强度的评估，可包括活动场所面积、商业设施数量、集聚程度等方面的指标。

卡斯泰尔（1999）认为“流”不仅仅是社会组织的一个要素，它甚至能够支配社会经济活动，这些流包括信息流、资金流、技术流和符号的流动。流动空间是在信息技术的作用下产生的新空间形式，它改变了传统空间的距离、地方、尺度、边界和维度等概念，围绕流动建立起来的空间为全球的城市关系提供了全新的视角。

有研究从信息监督视角切入，实证考察地理因素如何影响微观金融活动时发现，地理邻近有利于经济金融活动相关信息的生产和传递，缓解了信息不对称，从而增强了资金供给者对资金使用者的监督，不仅改变了放贷给谁、贷款定价等银行贷款决策，也有助于改善风险资本家对投资项目的监督、提升基金经理的股票投资回报。杜立等（2020）运用借贷双方之间的地理距离测度企业内部资本市场上借贷双方之间的信息不对称程度，在此基础上考察地理距离对企业内部借贷契约设计的影响及其风险防控含义。黄张凯（2016）从企业地理位置角度出发对一级市场发行效率进行深入研究，探讨了高铁作为新兴的便利交通工具对信息不对称和企业 IPO 定价的影响，发现便捷的交通方式提高了公司向外界传递信号的效率，有效地降低了企业上市定价中的折价现象。

交通对经济发展产生了增长效应和结构效应，王雨飞和倪鹏飞（2016）探究交通发展产生这两种效应的作用机制，并在城市层面上用空间计量模型和超制图学的方法做出实证检验。

陈婧和方军雄（2020）将宏观层面的高铁开通和微观企业所关心的实际问题相结合，补充了高铁开通的经济后果研究，验证了经理人市场对公司治理的益处的同时，也发现了交通发展对于经理人市场发育的推动作用。

杜兴强和彭妙薇（2017）将企业面临的交通异质性引入高级人才配置的影

响因素研究中，发现城市交通基础设施的改善能够增加企业对人才的吸引力；同时也考察了高铁开通对东、中、西部地区和东北地区人才流动的影响，研究高铁开通对不同职位的高级人才流动的影响差异，发现高铁开通促进了出差频率高的企业高级人才的流动。

余泳泽等（2019）从技术创新外溢视角研究了高铁开通对知识要素流动的影响，弥补了基础设施建设对创新外溢影响相关研究的空白。

二、时间层面的交通经济研究

Becker（1965）首先将对非工作时间的消耗纳入了消费者行为的分析之中，将日常生活中时间的消耗看作是一种必要的要素投入，从而将时间变量纳入消费者的效用函数中。随后 Johnson（1966）又对这一理论做出了扩充和解释，证明非工作时间的时间价值等于工资率与主观的工作时间价值之和。Oort（1969）在研究中又加入了对出行时间的分析，认为出行时间的节省可以产生两方面的效果——工作或休闲时间的增加和出行本身不适感的减少。并在消费者的效用函数中引入了第三个变量——出行时间，从而使时间价值的概念得到了丰富。

Deserpa（1971）通过区分必需时间花费和选择性时间花费，将消费商品所需的最少时间作为约束条件引入模型，并将时间价值划分为资源性时间价值、商品性时间价值和时间节约的价值等。

三、时空结合层面的交通经济研究

过去对时间的研究大多脱离空间基础，对空间的研究也有忽视时间因素的倾向，缺少统一的经济时空观和分析方法。荣朝和（2011）突破性地将经济时空的整体作为研究对象，强调时间视角的切入，同时还把交通—物流时间价值作为经济时空分析的核心影响变量，希望突破经济学在时间分析与空间分析结合部上的弱点。分别提出避免损失视角的时间价值、时间距离与位移链条、等距离曲线、时间及其价值的非均质性以及满足时空关系要求的企业基本功能等分析思路，试图形成新的经济时空分析框架。

荣朝和认为，时空分析在经济研究中应该发挥基础性作用。时间价值分析可以帮助人们同时认知时序世界和时变世界，减少由于延误造成的损失，也更关注把握时机、应对灾变；日程安排通过社会化时间结构约束和塑造了人们的行为；完整的可达性概念包括交通通信网络的连通性、地点的可接近性和行为主体的可参与能力；时空转换能力是行为主体在约束条件下通过努力改变原有时间距离以实现既定目标的能力。为实现趋利避害争取于己有利的时空平衡是人类从自然界所继承的核心本能；应改变经济学对完全理性的过度依赖；人的经济性和社会性可在趋利避害的时空尺度上获得一致，成熟的经济学应该同时解释经济人和社会人；而市场是代表人类社会相对成熟的基本运行方式。

荣朝和主张将经济学的时间背景聚焦到即期相对时间，将时间尺度调整为可包括现时过程的时段，而不论该过程的结果是否达到均衡状态，但强调相应行为主体趋利避害的时空转化能力。经济学时间的结构化是指，经济主体既处于社会化的时间结构之中受其约束，自身又是社会时间结构的影响者和构建者或创立者，因此确立经济分析的时间结构框架，就必须与所分析对象主体的典型行为周期相适应。

四、外部性与交通经济研究

外部性理论源于马歇尔1890年在《经济学原理》中提出的“外部经济”的概念。在马歇尔看来，除了以往人们多次提出过的土地、劳动和资本这三种生产要素外，还有一种要素，这种要素就是“工业组织”。工业组织的内容相当丰富，包括分工、机器的改良、有关产业的相对集中、大规模生产，以及企业管理。马歇尔用“内部经济”和“外部经济”这一对概念，来说明第四类生产要素的变化如何导致产量的增加。马歇尔定义外部经济，是指由于企业外部的各种因素所导致的生产费用的减少，这些影响因素包括企业离原材料供应地和产品销售市场远近、市场容量的大小、运输通信的便利程度、其他相关企业的发展水平等。

庇古（1920）首次用现代经济学的方法从福利经济学的角度系统地研究了外部性问题，在马歇尔提出的“外部经济”概念基础上扩充了“外部不经济”的概念和内容，将外部性问题的研究从外部因素对企业的影响效果转向企业或居民对其他企业或居民的影响效果。马歇尔所指的是企业活动从外部受到影响，庇古所指的是企业活动对外部的影响。这两个问题看起来十分相似，其实所研究的是两个不同的问题，或者说是一个问题的两个方面。庇古将马歇尔的外部性理论大大向前推进了一步。

科斯是新制度经济学的奠基人，进一步推进了庇古的外部性研究。1960 年他在《社会成本问题》中认为在交易费用为零的情况下，解决外部性问题不需要庇古税；在交易费用不为零的情况下，解决外部性问题的手段要根据成本—收益的总体比较，也许庇古方法是有效的，也许科斯方法是有效的。

在运输业务中发生的外部效应的性质和规模很大程度上取决于运输在经济中的特殊重要性，也取决于交通基础设施固有的运输特性。吴奇兵等（2004）认为城市轨道交通是准公共产品，有着明显的外部效应，对它从社会、经济和环境三个方面进行了分类，并运用地价函数模型进行了城市轨道交通对其沿线房地产的增值量化计算，提出了“铁路+物业”的运作模式和政府对沿线企业征收税额两种外部效应内部化的建议。陈世勋等（2004）认为由于轨道交通项目效益具有外溢性和间接性，不仅体现在轨道交通项目微观经济效益本身，而且体现在巨大的外部宏观社会经济效益。一些学者也考虑了集聚的地理外部性，直接度量集聚经济在空间的外溢效应，例如柯善咨和姚德龙（2008）、张浩然（2012）。

谢露露（2015）则关注集聚效应外溢和工资互动，对制造业工资“俱乐部”现象进行了解释，研究集聚效应外溢的渠道，构造了合理的经济距离空间权重矩阵，考察相邻城市制造业集聚规模的差距对工资互动效应和集聚外溢效应的影响，为理解地区间收入差异提供了一个不同的视角。

五、城市群经济研究

Cervero（2002）认为更紧凑、更集中的空间结构有助于生产率的提高。集聚效应可以在邻近的城市之间共享，而拥挤效应通常局限在城市内部，单中心城市群往往伴随着集聚不经济因素，如土地和劳动力要素的激烈竞争、交通堵塞、环境污染以及高犯罪率等，从单中心结构向多中心结构的转化被视为降低集聚不经济的有效途径。Parr 也认为多中心发展策略往往带来较高的交通成本和较低的通勤效率，不利于知识和信息的传播。Henderson（1986）则认为该关系不是稳定不变的，而是非线性的，即超过某个最佳的城市集聚度后，集聚则会对经济产生负面的影响。

国内研究方面，孙楚仁等（2021）首次从城市集聚资源要素的能力这一角度切入，以中国的城市和城市群为对象，考察城市集聚资源要素的能力对城市出口结构的影响。构建了具有经济合理性的刻画城市聚集资源能力的指标。覃成林和种照辉（2014）选择第三产业区位熵、就业密度、经济密度、城市首位度指数 4 个指标来描述经济集聚，使用因子分析，将这 4 个指标集合成为一个测度经济集聚的指数，分析高速铁路对铁路沿线城市经济集聚的影响。

李泽众和沈开艳（2020）探究我国城市经济集聚对城市发展的影响。研究运用单中心指数测算城市群的空间结构。单中心指数是利用城市群规模最大的前两位、前三位和前四位城市计算所得最小二乘回归斜率的绝对值的平均值。研究发现：在控制了城市群规模、人力资本、产业结构等影响因素后，城市群的单中心空间结构对经济发展质量的影响呈现倒“N”型特征，即产生先抑制、后促进、再抑制的影响。

丁如曦（2020）具体研究了我国不同区域的经济集聚的演化，基于集聚外部性和网络外部性相结合的视角，从多中心城市网络对集聚外部性和网络外部性的叠加互锁以及加快区域要素流动、促进区域产业竞争合作等机制上，解析其对区域经济协调发展的驱动机理。该研究综合采用基于引力模型的社会网络分析和空间计量经济技术，以横跨我国东中西三大板块、兼具典型性与代表性的长江经济带为例，系统检验多中心城市网络对区域经济协调发展的驱动效应及作用机制。王鹏和李彦（2018）对上述研究做了补充，以我国长三角城市群、长江中游城市群和成渝城市群为例，进行城市群层面的横向对比分析，对不同产业分类，从经济密度与产业集聚角度就高铁建设对三大城市群经济集聚演化的影响进行了实证研究。杨宝良（2003）指出，市场化程度较高的东部三次产业集聚度要高于中、西部，而西部市场化程度低，产业地理集聚度也最低。

姚常成和吴康（2020）检验了多中心空间结构是否促进了城市群的协调发展，梳理多中心空间结构促进城市群协调发展的内在机理，检验了形态和知识多中心空间结构对城市群协调发展的影响。宣烨等（2019）选取多样化集聚和专业化集聚两个维度来衡量高端服务业的空间集聚情况，综合分析高铁开通对于高端服务业空间集聚的影响路径。

六、创新理论研究

经济学家熊彼特（1912）认为“企业家内心疯狂燃烧的灵魂”，即所谓的企业家精神，影响一个国家的创业活动。社会学家马克斯·韦伯则强调了新教伦理的重要性，认为独立自我、勤奋工作、现世的经济回报和节俭等价值观对近代资本主义国家的兴起发挥了至关重要的作用。心理学家麦克利兰则研究了普通民众的成就动机与国家经济发展水平之间的关系。

林晓言和李明真（2020）以高铁为切入点，丰富了交通基础设施建设的城市创新效应等相关研究，并对其影响机理进行梳理，以粤桂地区地级及以上城市作为研究对象，为高铁对区域创新影响研究增加了新的实证内容。检验了高铁开通对城市科技创新的影响，还通过连续 DID 模型证明不同高铁服务强度对城市的科技创新影响。杨金玉和罗勇根（2019）从专利发明人角度，检验了高铁开通对人力资本流动和配置的影响。基于专利发明人流动的大样本数据，探讨了高铁开通对人力资本流动的影响，从微观视角丰富了相关研究。吉赟和杨青利用微观公司层面的数据，较细致地研究了高铁对企业创新的影响，从而完善了高铁在微观公司层面以及资本市场层面产生经济效果的研究。其次，验证了高铁开通提高上市公司高学历员工及技术员工占比，验证了高技能劳动力流入对于企业创新的影响。

七、收入差距理论研究

龚红娥（2002）系统介绍了基尼系数的含义、计算方法及其实际应用，并用基尼系数分解法分解了城乡差距、地区差距和收入差距来源构成，为分析收入分配差距提供了方法和统计依据。随后熊俊（2003）进一步提出，应按直接计算法、人口等分法、回归曲线法和城乡分解法的顺序优选基尼系数的估算方法。

黄涛（2006）考察了我国 1991—2002 年人均 GDP 基尼系数逐步上升的变动趋势；然后从理论上探讨地区分解对基尼系数的影响，证明地区分解时基尼系数不降只升；计算了东中西部的基尼系数，从而指出东中西部差异是我国地域经济差异的主要表现；最后计算了各省市的人均 GDP 基尼系数，并利用人均 GDP 指数和基尼系数构成了综合判断各省市经济发展水平和均衡程度的 4 区域模型。

李金锴和钟昌标（2020）进一步探究高铁开通前后可达性变化对就业的影响，改进已有的以“四横四纵”高铁网络中心城市为节点进行工具变量选取的方法，通过手动整理选取 2005—2017 年高铁轨道经过的省会城市、副省级城市和直辖市，即在原有“四横四纵”的基础上增加西部城市的节点选取，减少了高铁建设过程中的非随机问题。

第三节　当前研究采用的研究方法

一、理论模型研究

（一）交通成本度量模型

Murata 和 Thisse（2005）将产品交通成本与劳动力通勤成本引入一般均衡框架，分析了两类成本对于城市内部集聚和分散的影响机制。将通勤成本作为既定，研究城市道路与城市规模对城市收入分配的影响。研究发现，工人的空间分布越对称，经济中的品种总质量就越大。集聚可以节省差异化产品的运输成本，但品种范围较窄。同时，如果分散则可以获得更广泛的品种，但必须承担其他城市生产品种的运输成本。

昝欣和欧国立（2019）借鉴 Murata 和 Thisse 的建模思想与工具，研究城市道路、城市规模和城市内收入差距的内在关系。Murata 和 Thisse 的研究中将通勤成本作为既定，为研究城市道路与城市规模对城市收入分配的影响，昝欣和欧国立在此基础上进一步刻画城市通勤成本的影响因素，加入影响工人通勤成本的因素：分析工人到城市的商业中心进行工作的距离和道路网络的发展水平。

嵇正龙和宋宇（2021）提出融合地理距离和经济规模差异的价格权重法，在研究城市道路与城市规模对收入分配的影响的基础上更进一步，估计长三角地区企业异地投资与市场一体化的增长效应。

（二）收入差距度量模型

美国统计学家洛伦兹提出了著名的洛伦兹曲线。洛伦兹按照收入从低到高排序得出了人口累计百分比和收入累计百分比的对应关系图从而得到了洛伦兹曲线。在洛伦兹曲线的基础上得出了度量收入分配不公平程度测定的三个指数：基尼系数、相对基尼系数、鲁宾霍德指数。

基尼系数。基尼系数是测度收入分配不公平程度应用最广泛且最简便的一个指数，基尼系数为洛伦兹曲线与 45° 对角线围成的面积和 45° 对角线以下的三角形面积之比。基尼系数的取值从 0 到 1，当收入分配完全公平时基尼系数就等于 0，当所有收入全部集中于一个人时基尼系数等于 1，达到了分配的最不公平状况。

我国学者程永宏（2006）在此基础上建立了城乡混合基尼系数的新算法，并给出了新的分解形式，同时还提出了度量城乡差距的新指标。可以避免通常算法低估基尼系数的倾向，计算精度很高。应用新算法计算并分解了中国个别年份的城乡混合基尼系数以检验新算法的有效性。

黄涛等（2006）在此基础上，探讨地区分解对基尼系数的影响。利用人均 GDP 指数和基尼系数构成了综合判断各省市经济发展水平和均衡程度的 4 区域模型。

二、案例分析

Chen 和 Vickerman（2017）以 PBKAL 网络伦敦分支的英国肯特和梅德威沿线地区的高铁为例进行了研究：2009 年，该线路将从阿什福德到伦敦的行程时间从 80 分钟缩短到 37 分钟，新的站点 Ebbsfleet 距离伦敦只有 17 分钟。高铁服务还利用传统的网络服务于肯特郡北部和东部更广泛的城镇和城市，大大缩短了旅行时间，提高了城际旅行的可靠性。与 20 世纪 70 年代逐渐实现现代化的欧洲铁路相比，中国铁路在 2000 年后才开始飞速发展。2004 年第一个高铁战略计划所体现的目标远远超出了通过提高客运和货运网络能力、重新平衡网络不平等、扩大国际铁路网、促进铁路技术创新以及最终通过国际合作和竞争出口国内开发的技术来实现现代化竞争力的格局。

李磊（2019）聚焦高铁对典型旅游城市旅游空间结构的影响，以黄山市为案例地，通过对高铁开通前（2015 年 4 月）、高铁刚开通（2015 年 8 月）、高铁运行两年（2017 年 7 月）、高铁网络形成（2020 年）四个时间节点的观测、调查和预测，结合 3 600 份调查问卷和 955 条旅行社在线旅游网站线路数据，研究高铁网络化时代典型旅游城市旅游空间结构的演化过程。研究发现，高铁运行两年，黄山市旅游网络规模不断扩大，网络密度逐渐降低，“核心—边缘”结构显著，核心区逐渐向高铁沿线城市转移，形成新的旅游发展轴线，网络整体合作水平上升。

于秋阳和杨斯涵（2014）以西安市作为实证研究对象，通过灰色关联度和引力测度，说明高速铁路的建设对西安旅游产业产生的重要影响。该研究发现高铁的建设和城市旅游业的发展存在较强的相关关系，高速铁路营业里程和客运量的增长对城市旅游接待人次和旅游收入的增长具有明显的促进作用。

许春晓和姜漫（2014）以长沙高铁为例，研究城市居民出游的高铁选乘行为意向的形成机理。结果表明：快捷选乘动机和阻碍协商策略对行为意向有正向影响，选乘阻碍对阻碍协商策略和行为意向有负向影响。选乘意向的形成有两条路径，一是直接通过快捷动机形成；二是基于快捷和舒适动机，判断选乘阻碍，采取阻碍协商策略，最后形成行为意向。

三、实证分析

（一）普通最小二乘法、混合回归及面板回归模型

孙丽文（2020）运用 2008—2017 年中国 30 个省市的面板数据，通过研究产业结构升级、技术创新与碳排放之间的关系，研究发现产业结构升级和技术创新能够显著抑制碳排放；技术创新在产业结构升级对碳排放的影响间起到部分中介作用；环境规制在产业结构升级对技术创新的影响间起显著的正向调节作用，同时也在技术创新对碳排放的影响间起显著的正向调节作用。

李静和李逸飞（2020）采用 2013 年中国家庭收入调查（CHIP）数据以及《中国城市统计年鉴》，用普通最小二乘法（OLS）回归研究发现随着城市规模的扩大，城市内部收入差距在不断扩大，城市规模、城市经济发展水平与城市内部收入差距存在倒“U”型关系。

李泽众和沈开艳（2020）使用 2003—2016 年《中国区域经济统计年鉴》《中国城市统计年鉴》和《中国城市建设统计年鉴》数据，运用面板模型、门槛回归模型对城市群的空间结构与经济发展质量的关系进行实证研究。

李彦等（2020）采用源自国研网、中国研究数据服务平台和 2008—2018 年《中国城市统计年鉴》中中国十大城市群面板数据，通过构建中介效应模型，就高铁服务供给对城市群经济高质量发展的影响及其作用渠道进行实证检验。高铁服务供给对于北方城市群全要素生产率的正向影响更大，并且有利于提升南方城市群的经济协调发展水平。

张天华等（2017）基于分布特征—参数的估计方法，利用 20 世纪 90 年代前后的中国家庭收入调查数据（CHIP1988、CHIP2002）考察市场化改革对城市规模收入效应的影响。使用基本模型、无选择效应模型、无偏向性集聚效应模型、仅设定一般性集聚效应模型研究发现，市场化改革以来，城市规模对劳动者的集聚效应逐渐消失，选择效应逐渐加强，表现为大城市系统性收入优势消失，低收入劳动者占比下降。

黄张凯等（2016）以 2008—2012 年的 929 家 IPO 公司作为研究样本，探讨公司是否位于北京、上海、广州三大城市以及公司与这三大城市的地理距离对

于 IPO 定价效率的影响。经过回归模型检验，发现地理因素的确作用于上市公司、投资者、承销商三个利益主体之间的信息传递，修建高铁能够在一定程度上减弱地理位置对于 IPO 定价效率的影响。

（二）空间计量法

谢露露（2015）采用空间计量方法，研究产业集聚对制造业工资空间分布的影响。空间计量法能够控制空间相关性，避免经典的 OLS 回归导致的严重偏误，并且借助空间计量模型能更完整地衡量集聚经济。一般的计量模型可能忽视了劳动者流动到其他地方这一动态机制进而低估了集聚效应，空间计量模型则可以通过将相邻地区相关变量的空间滞后项包括进来而弥补这一缺憾，也能缓解遗漏变量导致的内生性问题。集聚地有些特征无法用具体的指标衡量，而相邻地区的制造业工资也许能反映这些潜在因素。

丁如曦等（2020）根据 LM 检验、稳健性 LM 检验、LR 检验的结果，选取了空间杜宾模型。使用极大似然估计法（ML），通过时点固定、个体固定和双固定模型估计结果比对，择优选取时点固定效应的空间杜宾模型进行实证分析。结果显示，长江经济带全域城市网络多中心程度与其经济协调发展水平存在正相关关系。非中心城市通过嵌入多中心城市网络过程中相对节点，缩小了其与中心城市人均收入水平的差距并产生正向空间溢出影响，并且整体上通过中小城市获得节点集聚增长效应、中等城市发挥正向溢出效应以及节点中心大城市突破地理近邻的长波辐射效应的叠加互锁来实现。

姚常成和吴康（2020）通过分别采用城市人口数据以及 Web of Science 核心数据库中的知识信息流数据来测度八大城市群 2000—2016 年形态多中心和知识多中心程度变化。利用我国八大城市群 143 个地级及以上城市面板数据和考虑双重差分的空间计量模型实证检验了形态和知识多中心空间结构对城市群协调发展的影响。研究发现形态多中心空间结构对于实现城市群协调发展作用效果不显著，但知识多中心空间结构却能通过借用规模行为以及空间溢出效应的差异间接实现城市群的协调发展。

（三）双重差分法（DID）

双重差分方法是一项非常重要的评估政策效果的研究方法。DID 模型通过将“前后差异”和“有无差异”有效结合，一定程度上控制了某些除干预因素以外其他因素的影响；同时在模型中加入其他控制变量，又进一步控制了实验组（干预组）和对照组中存在的某些“噪声”影响因素，来补充“自然试验”在样本分配上不能完全随机这一缺陷，因而得到对实验（干预）效果的真实评估。

刘冲和周黎安（2014）根据《中国县市社会经济统计年鉴》《中国区域经济统计年鉴》以及各省的统计年鉴，构建了一个独特的关于交通基础设施建设分布的数据库。该数据库包含 1994—2009 年中国高速公路的矢量分布图。收集了县级层面 1997—2008 年的经济指标，包括 GDP、人口、财政支出、城市化率等，采用双重差分计量模型，研究发现交通基础设施的改善带来了更多的企业进入和资本流入，并促进了企业平均效率的提升。

方大春和孙明月（2016）采用双重差分模型研究高速铁路对长三角城市群经济发展的影响，研究发现高速铁路对长三角城市群经济增长有促进作用，高速铁路建成一定程度上扩大了高铁城市的城乡差距。

周玉龙等（2018）将房价实证研究中的特征模型与上述双重差分模型结合，利用 2007—2014 年全国所有区县的单笔土地交易数据，考察了中国高铁建设对城市建设用地市场的多重影响。

林晓言和李明真（2020）使用能够有效减轻传统回归模型中遗漏变量等原因导致偏误的 DID 模型，以 2007—2017 年粤桂地区 27 个地级及以上城市的面板数据为研究样本，检验贵广、南广高铁对沿线城市科技创新的影响。发现高铁开通和高铁服务强度促进了粤桂地区沿线城市的科技创新水平，但对核心城市（广州、南宁）的影响更大，同时经济发展和产业格局对城市的科技创新也起到了显著的正向影响。

万思齐和杨励雅（2020）基于我国 255 个地级市 2004—2016 年的城市层面数据，细分产业类型和城市类型，研究全国范围内高速铁路开通的经济集聚效应。采用渐进 DID 模型测算高铁建设对经济集聚的影响。结果显示：与未开通高铁城市相比，开通高铁城市的经济集聚水平提高了 9.101 个单位；产业异质性分析表明，第三产业更倾向于在高铁沿线城市集聚，且在第三产业内部，生产性服务业和生活性服务业集聚水平受到高铁影响较大。

李金锴和钟昌标（2020）利用 2005—2017 年《全国铁路旅客列车时刻表》《中国城市统计年鉴》的数据，采用双重差分法回归，研究发现高铁开通、城市可达性的增强提高城市就业密度，显著降低了失业率，但对不同城市的就业密度呈现出异质性特征。

宣烨等（2019）根据新一线城市研究所划分城市等级的方法，将 230 个地级市大样本划分为三个不同等级的小样本城市群，构建 DID 模型验证高铁开通对高端服务业空间集聚的影响，并检验不同等级城市样本的影响差异；按照国家发改委对地区进行政策性划分的方式，将地级市大样本划分为东部、中部、西部三个地区的小样本，验证高铁开通对于不同地区高端服务业空间集聚影响的异质性。

俞峰等（2020）通过匹配 1999—2013 年中国地级城市数据、高铁数据和地理矢量数据，采用双重差分模型，来探究中国高铁开通对城乡收入差距的影响及其内在机制。研究发现：相对于未开通高铁的城市，高铁开通扩大了开通城市的城乡收入差距；高铁对城乡收入差距的扩大效应，在东部地区、京津冀地区、长三角和珠三角经济圈尤为显著。

杜兴强和彭妙薇（2017）以 2007 年的高铁开通作为一个准自然试验背景，以是否具有博士学位作为高级人才的度量，通过控制年份固定效应和城市固定效应，构造了一个双重差分回归模型，研究高铁的开通对企业高级人才流动的影响。研究结果发现，高铁开通确实能够增强城市的吸引力，从而使得该城市内的上市企业聘请的高级人才数增加。

吉赟和杨青（2020）采集了 2006—2016 年中国 200 个地级市高铁开通站点的数据，并与 1 559 家 A 股上市公司的面板数据进行匹配，利用双重差分模型，研究了高铁开通对企业创新产出的影响。研究发现高铁通车之后，沿线公司的专利授权、专利申请数量显著增加，且主要为发明专利。

卞元超等（2019）以是否开通高铁为“准自然实验”，采用 2004—2015 年中国 287 个地级市的数据，实证分析了高铁开通对区域创新及其差距的影响效应。研究发现，考察期内，高铁开通显著提升了区域创新水平，其机制主要在于高铁开通后所引发的创新要素流动效应；高铁开通能够对区域创新差距产生重要影响。

（四）匹配倍差法（PSM－DID）

董艳梅和朱英明（2016）运用倾向匹配倍差法（PSM－DID）对高铁的就业效应进行实证分析，以解决样本选择偏差问题。运用分位数回归对有高铁城市内部的影响差异进行实证研究。对有高铁城市与无高铁城市的总体就业差异进行了研究，还分别从地理区位、城市规模、高铁走廊等不同视角进行了比较研究。研究发现，高铁建设显著降低了第一产业的就业水平，促进了第二产业尤其是第三产业的就业增长，特别是对第三产业中的批发零售、住宿餐饮业等消费性服务业及信息、软件等生产性服务业中高附加值行业的就业促进效应最强；在高铁走廊，高铁主要促进了就业密度处于中、低位，尤其是低位高铁城市的就业转移和增长，有利于高铁走廊就业一体化发展，但存在地区和行业差异。

赵昕和刘静（2021）利用2008—2017年中国282个地级市的面板数据，首先采用SUM－Malmquist指数法测度分解得到各地级市的技术进步及偏向性技术进步，之后运用倾向得分匹配双重差分模型对高铁开通的技术进步效应进行检验。研究发现在全国层面，高铁开通对技术进步有显著的促进作用，其作用路径主要是中性技术进步而不是偏向性技术进步。

杨金玉和罗勇根（2019）构建“年度—城市—公司—发明人”的面板数据结构，使用2000—2017年期间165 730个专利发明人数据，企业层面的研究样本涉及1 147个上市企业，运用双重差分模型分析了高铁开通对人力资本流动的影响，研究发现对于个体而言，高铁开通显著提高了其后续的创新绩效，并对发生流动的人力资本的提升作用更强；对于企业而言，高铁开通显著提高了企业创新绩效。

余泳泽等（2019）采用2018—2014年230个地级市的面板数据，通过双重差分法及倾向得分匹配—倍差法分析了高铁开通对区域技术创新外溢的影响。研究发现高铁开通既提高了区域创新水平（专利引用量），也加速了专利的折旧速度；同时，高铁对创新外溢的促进效应具有时滞性，时滞大约为2～3年。高铁开通对创新外溢的影响具有一定的区域异质性，其开通对东部地区的影响更加显著，而对中西部地区的影响较弱。

本章将当前研究采用的研究方法整理，如表 2－1 所示。

表 2－1　　当前研究采用的研究方法梳理

分类	研究内容	相关文献
理论模型研究	交通成本度量模型	Murata 和 Thisse（2005）、昝欣和欧国立（2019）、嵇正龙和宋宇（2021）
	收入差距度量模型	程永宏（2006）、黄涛等（2006）
案例分析	案例分析	Chia－Lin Chen 和 Roger Vickerman（2017）、李磊（2019）、于秋阳和杨斯涵（2014）、许春晓和姜漫（2014）
实证分析	普通最小二乘法、混合回归及面板回归模型	孙丽文（2020）、李静和李逸飞（2020）、李泽众和沈开艳（2020）、李彦等（2020）、张天华等（2017）、黄张凯等（2016）
	空间计量法	谢露露（2015）、丁如曦等（2020）、姚常成和吴康（2020）
	双重差分法（DID）	刘冲和周黎安（2014）、方大春和孙明月（2016）、周玉龙等（2018）、林晓言和李明真（2020）、万思齐和杨励雅（2020）、李金锴和钟昌标（2020）、宣烨等（2019）、俞峰等（2020）、杜兴强和彭妙薇（2017）、吉赟和杨青（2020）、卞元超等（2019）
	匹配倍差法（PSM－DID）	董艳梅和朱英明（2016）、赵昕和刘静（2021）、杨金玉和罗勇根（2019）、余泳泽等（2019）

第三章　政府竞争压力、信息流动与经济增长
——基于高铁开通的准自然实验

第一节　引　　言

近年来，我国的高速铁路建设取得了跨越式发展。从 2008 年第一条真正意义上的高铁—京津城际高铁开通，短短十几年间，我国从高铁落后国一跃成为世界上拥有最大高速铁路网的国家，高铁已经成为我国走向世界最抢眼的招牌之一。截至 2020 年年底，我国高速铁路运营里程达 3.79 万公里，相当于在“十三五”期间翻了近一番，稳居世界第一。随着中国“八纵八横”高铁网络的完善，国铁集团于 2020 年 8 月 13 日在《新时代交通强国铁路先行规划纲要》中提出了新时代中国高速铁路第一阶段的发展目标，即到 2035 年，全国高速铁路网运营里程达到 7 万公里，50 万人口以上城市均实现高铁通达，智能高铁率先建成，全国 1、2、3 小时高铁出行圈全面形成。高铁的大范围普及改变了居民的生活和出行方式，加深了城市之间的联系，提高了资源配置效率，为我国经济增长提供了重要推力。

国内外学者针对“高铁开通如何影响经济增长”这一问题进行了深入探索，虽然有研究发现高铁开通对于地区经济增长的影响存在空间异质性效应（Vickerman，1997；Ortega 等，2012），但大多数研究仍然认为高铁开通能够通

过增加资本投入、促进人口迁移、提高全要素生产率和产生城市集聚效应等来促进地区经济的增长（刘勇政和李岩，2017）。然而，通过回顾以往研究发现，现有文献仅探讨了高铁开通对经济增长的直接影响，并未关注在何种情境下，这种影响会存在差异。对于不同的城市和区域而言，创新环境的不同会导致高铁开通带来的创新要素和信息流动的速度存在差异（黄张凯等，2016），这显然会对高铁对经济增长的促进程度产生影响。而且，高铁开通加快了政府间信息的流动速度，使得政府之间更易于比较，政府之间效率的差异更易于显现。政府效率的差异会使得政府面临的竞争压力不同，也会影响高铁开通对经济的促进作用。基于此，本章以我国的地级市为研究对象，采用多期双重差分法来深入研究高铁开通对经济增长的影响，并进一步分析创新环境和政府效率对高铁开通和经济增长之间关系的调节作用。

第二节　文献综述

与传统的交通运输方式相比，高铁一方面能够产生“时空压缩效应”，提高不同城市和区域之间的可达性，另一方面其本身所具有的载客量大、速度快、准点率高以及安全性好等特点，能够降低人才、知识等资源的流动成本，发挥着城市间信息沟通纽带的重要作用（卞元超等，2019）。从宏观层面来看，已有相关研究聚焦于高铁开通对城市经济发展（Ahlfeldt 和 Feddersen，2018）、创新能力（Huang 和 Wang，2020）和信息流动（黄张凯等，2016）等方面的影响，认为高铁开通能够产生经济集聚效应，促进区域间创新要素的扩散和转移，提高信息传递的效率。从微观层面来看，与高铁相关的研究主要集中在高铁开通对企业创新（卞元超等，2020）、资本流动（马光荣等，2020）、企业资源配置（李欣泽等，2017）以及企业生产率（孙广召和黄凯南，2019）等方面的影响，认为高铁开通缩短了商务出行时间，加快了资金、技术等要素的流动，减少了信息不对称，进而促进了企业竞争力的提升。

20 世纪 40 年代，Rodan（1943）提出了大推动理论（The theory of the big push），该理论指出，交通等基础设施的建设是推动一个国家经济发展和社会进步的重要前提。交通基础设施的发展，如高铁是否开通，与经济增长密切相关（Donaldson）。学者们从多个理论视角研究了交通基础设施与经济增长之间的关系，但目前关于高铁开通对经济增长影响的研究，尚未得出一致结论。一种观点认为，高铁开通能够通过降低交易成本、提升区域可达性以及促进就业等，对城市经济增长产生显著的促进作用（Kim，2000；刘勇政和李岩，2017）。而另一种观点则认为，高铁开通可能会导致沿线地区要素资源的“逆向流动”，不利于其经济增长（Vickerman，1997；方大春和孙明月，2016）。而且，高铁对经济增长的影响还取决于区域网络布局、建设成本和环境成本等因素，在短期内这种带动作用可能并不明显。与此同时，高铁开通对创新环境和政府效率的影响也逐渐成为研究热点。从创新环境的角度而言，高铁开通一方面能够带动高新技术产业的发展，另一方面能够促进人员、知识等创新生产要素和科技、金融等领域资本的流动，从而优化城市的创新环境（林晓言和李明真，2020）。对于政府效率来讲，其在很大程度上受到环境，尤其是交通基础设施这种“硬环境”的影响。高铁开通不仅有利于人才和资本的聚集，而且能够促进政府有效信息的披露，使得政府能够快速、准确地做出决策，有利于政府效率的提升。

综上所述，本章基于已有研究，做出以下几点贡献：首先，通过上述分析可知，关于高铁开通是否会显著促进经济的增长，现有研究尚未达成共识。因此，厘清高铁开通如何对经济增长产生影响，有助于明晰当前学术界对于这一影响作用的模糊认识。其次，本章选用多期双重差分法，将每个城市开通高铁的年份作为政策的实施节点，来评估高铁开通带来的净效果，并通过平行趋势检验、动态检验、变量和时间段替换等方法对研究方法的可行性和研究结果的稳健性进行检验。再次，已有研究仅仅探讨了高铁开通对创新环境和政府效率的直接影响。然而，对于创新环境和政府效率不同的城市和地区，高铁开通对于经济增长的影响可能会存在显著差异。基于此，本章在高铁开通对经济增长影响的理论模型中加入创新环境和政府效率两要素，来进一步探讨创新环境和政府效率如何影响高铁开通和经济增长之间的关系。最后，本章基于城市群的分类将样本城市划分为城市群中心城市、城市群外围城市和非城市群城市，进一步分析了创新环境和政府效率对高铁开通和经济增长之间关系的影响在不同类别的城市之间是否存在异质性。

第三节　理论分析与研究假设

一、高铁开通与经济增长

交通基础设施的建设和发展会对经济增长产生重要影响（Hulten 等，2006；Ponce 和 Navarro，2016）。Rostow（1960）在经济成长阶段论中提出，发展中国家应该优先发展交通基础设施。高铁作为提振经济、促进发展的交通基础设施投资项目，已经成为带动我国整体经济增长的重要力量（刘勇政和李岩，2017）。一方面，高铁开通能够缓解地理距离导致的时空约束，改善区域之间的可达性，加快信息和劳动力等资源的跨区域流动，降低城市对于知识等资源的获取、创造和转移成本，有利于区域间人口的迁入与迁出，促进旅游、餐饮和房地产等服务业的发展，增加沿线城市的就业机会，提高其市场消费能力，最终促进经济的增长。同时，建设高铁所需要的资本投入以及随着高铁开通所带来的高新技术产业的发展，也能够直接刺激经济的增长。而且，高铁开通具有很强的“虹吸效应”，加快了人才、知识和生产要素等的聚集和传递，进而产生了城市集聚效应，为经济增长奠定了良好的知识和人力资本基础（杜兴强和彭妙薇，2017）。另一方面，从信息流动的角度来讲，我国地域广袤，人口众多，信息在城市之间的传递会受到多种“噪声”的影响。有研究表明，在交通较为便利的地区，地理距离对信息传递的负面影响相对较弱（Cai 等，2016）。高铁的开通能够压缩时空距离，改善可达性，降低信息不对称程度，提高信息传递的质量和效率，促进经济协同发展。对于企业等微观主体而言，高铁开通能够加强企业之间的近距离沟通，降低信息沟通成本，优化企业资源配置效率，提高全要素生产率，进而促进城市经济的增长。虽然有研究认为，高铁开通产生的“虹吸效应”可能会导致高铁沿线欠发达地区要素资源的“逆向流动”，不利于欠发达地区的经济增长。但本章认为，从长期来看，高铁开通能够带动沿线地区的产业发展，加之其所带来的“时空压缩”“信息传递”等优势能够弥补资源“逆向流动”可能带来的不利影响，对当地经济产生促进作用。综上所述，本章提出以下假设：

假设 1：高铁开通能够促进地区经济的增长。

二、政府效率的调节作用

长期以来，我国地方政府对地区经济的增长和发展都起着至关重要的作用，地方政府的效率问题一直备受学术界的关注，是分析地区经济现象的一个重要视角（周黎安，2004）。政府效率是对当地政府行政服务水平（李志军等，2019）和交易成本的重要体现，会对一个城市的经济行为类型产生显著影响（Whitley，1999）。推动政府职能向服务型转变，通过提升政府服务效率、提高税收服务质量、改善政商关系等方式提升政府效率，减少无效干预，可以降低制度交易成本（李志军，2019）。不同城市之间的地理距离，会影响政府之间信息传递的质量和速度。而且，地方政府出于各种利己原因，如掩盖政策执行不力等，可能会减少重要信息的披露。当与政府决策相关的信息获取成本较高时，会对政府效率的提升产生不利影响。已有研究基于信号传递理论，探讨了高铁开通对政府效率的直接影响，认为高铁开通能够产生“时空压缩效应”，便于增加政策执行者、公众和媒体对地方政府进行考察和调研的频率，从而加快与政府决策相关的信息的获取，有利于政府快速做出决策，促进政府效率的提升。然而，高铁开通以后，会加快信息、人才要素、优势资本等的快速流动，使得政府之间的信息更加公开和透明，政府之间可以进行比较和竞争。在这种情况下，不同效率的政府面临的竞争压力显然不同，高铁开通对地区经济增长的影响程度也会存在差异。对于一些效率足够高的政府而言，其提升空间相对有限，面临的竞争压力较小，效率提升意愿较弱。而对于效率较低的政府来说，其面临的竞争压力较大，这种压力会倒逼其采取行动去促进效率的提升，进而推动该城市的经济增长。因此，与政府效率较高的城市相比，在政府效率较低的城市开通高铁对该城市经济的促进作用更明显。综上所述，本章提出以下假设：

假设 2：政府效率负向调节高铁开通对地区经济增长的影响。

三、创新环境的调节作用

创新是经济健康发展的重要引擎，创新环境是激励与约束创新主体行为，保障创新得以实现的网络系统。创新主体只有在一定的创新环境中才能有效培育和展现出创新活力，推动其区域创新能力提升和经济增长（陈搏，2015）。现有研究大多聚焦于高铁开通对创新环境的直接影响，认为高铁开通能够优化沿线城市的资源配置，改善产业结构布局，对其创新环境的营造产生有利影响。然而，高铁开通后，创新环境的不同可能会导致不同城市在创新要素的吸引力以及创新成果的应用和转化能力等方面存在显著差异，从而影响高铁开通和经济增长之间的关系。首先，创新环境较好的城市，其高新技术产业往往较为发达。高铁本身在建设和运行过程中能够带动沿线城市上下游关联高新技术产业的进一步发展，从而对其经济增长有一定的促进作用。其次，高铁开通以后，更多的创新者和创新要素能够在高铁范围内自由移动，打破了由于交通的低连通性导致的知识交流障碍，驱动不同城市和区域之间的知识交流和互动，进一步触发“学习效应”“模仿效应”和“传播效应”。与创新环境较差的城市相比，在创新环境较好的城市，开通高铁能够提高其知识等创新要素转移和交流的效率，加快新技术和新知识在城市范围内的转化和应用，促进创新活动的开展，更有利于经济的增长。此外，与发达国家不同，中国的区域经济增长受益于创新活动聚集而产生的集聚效应（Du 等，2020）。高铁的开通能够产生“时空压缩效应”，提高区域之间的可达性。对于创新环境较好的城市来说，可达性的提高意味着“虹吸效应”，促使知识和技术等创新要素能够更快地由周围城市向这些城市集聚，从而促进这些城市的经济增长。综上所述，本章提出以下假设：

假设 3：创新环境正向调节高铁开通对地区经济增长的影响。

四、调节作用的区域异质性

“十四五”规划纲要指出，要发展壮大城市群和都市圈，推动城市群一体化发展，全面形成“两横三纵”城镇化战略格局。“城市群”的出现和发展体现了在全球化背景下，经济活动在城市群内部高度集聚。在城市群内部，不同城市能够各自发挥优势，进一步增强集聚效应和正向空间外部性，最终促进城市群的整体经济发展。根据城市群的定义，我国城市可划分为城市群中心城市、城市群外围城市和非城市群城市三种类别。

创新环境和政府效率对于高铁开通和经济增长之间关系的调节作用在很大程度上取决于创新要素、人才要素、优质资本等资源和信息的聚集和传递以及不同城市之间创新环境和政府效率的差异。因此，对于城市群中心城市、外围城市和非城市群城市来说，不同城市之间的资源和信息的传递速度以及创新环境和政府效率可能有所不同，因此，创新环境和政府效率的调节作用可能具有区域异质性。首先，表现在城市群城市和非城市群城市的异质性方面。在高铁开通之前，城市群内部的其他交通基础设施（如高速公路、铁路等）相对较为完善，资源和信息能够在一定范围内实现聚集和传递。高铁开通后，更加速了这种资源和信息聚集、传递的规模和速度。与非城市群城市相比，城市群内部资源和信息传递的速度更快、规模更大、范围更广。因此，创新环境和政府效率对于高铁开通和经济增长之间关系的调节作用在城市群和非城市群之间可能存在区域异质性。其次，表现在城市群内部中心城市和外围城市的异质性方面。中心城市是城市群内部经济社会活动的核心地区，创新环境和政府效率一般来说都相对较好，不同城市群的中心城市之间的创新环境和政府效率之间的差异较小。根据新经济地理学中的“中心—外围”理论，对于城市群外围城市而言，在不同的城市群中，中心城市向外围城市的辐射作用不同，可能会导致不同城市群外围城市的创新环境和政府效率之间存在显著差异（Fujita 和 Krugman，

1995）。城市之间创新环境和政府之间差异的不同可能会导致创新环境和政府效率对于高铁开通和经济增长之间关系的调节作用在城市群中心城市和外围城市之间存在区域异质性。综上所述，本章提出以下假设：

假设 4：政府效率对高铁开通和地区经济增长之间关系的调节作用在城市群中心城市、城市群外围城市和非城市群城市之间存在区域异质性。

假设 5：创新环境对高铁开通和地区经济增长之间关系的调节作用在城市群中心城市、城市群外围城市和非城市群城市之间存在区域异质性。

第四节　研 究 设 计

一、数据及样本

根据我国“十三五”铁路建设的主要目标，到 2025 年，我国高铁里程将达到 3.8 万公里，实现各省会城市与其他 50 万人口以上大中城市的互联互通。我国政府的目标是：大多数省会城市在 2～8 小时内到达北京，距离较近的大中城市能在 1－4 小时内迅速到达。因此，对于与高铁的经济效益相关的研究来说，我国是非常合适的研究对象，因此本章将我国地级市作为研究对象，样本区间为 2003—2017 年。采用中国国家铁路局在《高速铁路设计规范》中的定义，高铁指新建设计开行时速 250 公里（含预留）及以上动车组列车，初期运营时速不小于 200 公里的客运专线铁路。高铁相关数据来自中国研究数据服务平台（CNRDS），城市层面数据来自各年度《中国城市统计年鉴》。在删除主要变量有缺失的数据后，共获得了 327 个城市的 3 748 个观测值。

二、计量模型

由于不同的城市开通高铁的时间是有差异的，因此无法对所有城市开通高铁的时间进行统一界定。而多期双重差分法能够评估政策实施时点不同时，政策实施带来的净效果。因此，本章采取多期双重差分法来估计高铁开通对城市经济增长的影响。计量模型如下：

$$EG_{i,t} = \alpha_0 + \alpha_1 HSR \times Post + \alpha_3 C_{i,t} + Year_t + City_i + \varepsilon_{i,t} \quad (3-1)$$

为了检验政府效率和创新环境对高铁开通和经济增长之间关系的调节作用，本章依次将政府效率和创新环境与高铁开通的交乘项加入到模型中，计量模型如下所示：

$$EG_{i,t} = \alpha_0 + \alpha_1 HSR \times Post + \alpha_3 GE + \alpha_4 GE \times HSR \times Post + \alpha_5 C_{i,t} + Year_t + City_i + \varepsilon_{i,t} \quad (3-2)$$

$$EG_{i,t} = \alpha_0 + \alpha_1 HSR \times Post + \alpha_3 IE + \alpha_4 IE \times HSR \times Post + \alpha_5 C_{i,t} + Year_t + City_i + \varepsilon_{i,t} \quad (3-3)$$

$$EG_{i,t} = \alpha_0 + \alpha_1 HSR \times Post + \alpha_3 GE + \alpha_4 GE \times HSR \times Post + \alpha_5 IE + \alpha_6 IE \times HSR \times Post + \alpha_7 C_{i,t} + Year_t + City_i + \varepsilon_{i,t} \quad (3-4)$$

其中 i 代表城市，t 代表年份，$EG_{i,t}$ 代表城市 i 在 t 年份的经济增长状况，$HSR \times Post$ 为城市在样本观测期内是否开通了高铁以及当年是否开通高铁的交乘项，GE 为政府效率；IE 为创新环境；$C_{i,t}$ 为一组控制变量，包括经济集聚、就业集聚、城镇化水平、产业结构和人口规模；$Year_t$ 代表年份效应的虚拟变量；$City_i$ 代表城市个体效应的虚拟变量；$\varepsilon_{i,t}$ 为随机扰动项。

三、变量测量

（一）被解释变量

经济增长（EG）：借鉴大多数文献（Ahlfeldt 和 Feddersen，2018；董艳梅和朱英明，2016）对于经济增长所采用的测量方法，本章以每个城市区域生产总值（GDP）的自然对数衡量该城市在样本观测期内各年份的经济增长情况。

（二）解释变量

高铁开通（$HSR \times Post$）：高铁开通变量表示城市在样本观测期内是否开通了高铁（HSR）以及观测当年是否开通高铁（$Post$）的交乘项。如果城市在样本观测期内开通了高铁，则 *HSR*=1，否则 *HSR*=0。如果城市在某一年开通了高铁，则在该年及之后的年份 *Post*=1，该年之前的年份 *Post*=0。

（三）调节变量

政府效率（*GE*）：本章借鉴我国城市营商环境评价指标体系（《管理世界》经济研究院“中国城市营商环境评价研究”课题组，2019）中关于政府效率的定义，用城市的一般预算内支出来衡量政府效率。

创新环境（*IE*）：本章借鉴我国城市营商环境评价指标体系（《管理世界》经济研究院“中国城市营商环境评价研究”课题组，2019）中关于创新环境的定义，用科学支出和创新能力指数来衡量创新环境，科学支出和创新能力指数的权重均为 0.5。

（四）控制变量

本章选取经济集聚（*ECA*）、就业集聚（*EMA*）、城镇化水平（*UL*）、产业结构（*IS*）和人口规模（*PS*）作为控制变量。其中，经济集聚用该城市第二、第三产业产值之和与城市建设用地面积的比率来表示；就业集聚用该城市第二、第三产业从业人员数量之和与城市建设用地面积的比率来表示；城镇化水平用建成区面积占市辖区面积的比率来表示；产业结构用该城市第二产业占城市区域生产总值的比重来表示；人口规模用该城市年末总人口的自然对数来表示。

第五节 实证结果及分析

一、描述性统计

变量的描述性统计和相关系数如表 3－1 所示。由表 3－1 可知，大多数变量之间的相关系数均小于 0.5，且对变量进行多重共线性检验的结果表明，变量的 VIF 值均在 1.19～1.50 之间，均值为 1.38，远小于先前研究所设定的门槛值 10。因此，变量之间不存在明显的多重共线性问题。

表 3－1　　描述性统计和相关系数矩阵

变量	均值	标准差	1	2	3	4	5	6	7	8	9
1. *EG*	17.915	0.823	1								
2. *HSR*×*Post*	0.525	0.501	0.658***	1							
3. *GE*	18.743	20.392	0.808***	0.477***	1						
4. *IE*	38.287	20.088	−0.120	0.229*	−0.159*	1					
5. *ECA*	11.733	1.010	−0.096	0.043	−0.032	−0.051	1				
6. *EMA*	1.582	4.023	0.389***	0.455***	0.475***	0.007	0.378***	1			
7. *UL*	0.158	0.105	0.009	0.188*	−0.196*	0.448***	−0.015	0.068	1		
8. *IS*	43.852	9.396	−0.455***	−0.253*	−0.559***	−0.126	0.046	−0.260**	0.190*	1	
9. *PS*	7.052	0.622	0.309***	0.035	0.340***	−0.436***	−0.277**	−0.046	−0.295**	−0.203*	1

注：*、**、***分别表示在 10%、5%、1% 的水平上显著。

二、回归分析

本章以经济增长为因变量，高铁开通为自变量，政府效率和创新环境为调节变量，采用固定年份和个体的双向固定效应模型进行回归分析，回归结果如表 3－2 所示，其中，模型 1 表示的是高铁开通对城市经济增长的影响，模型 2 表示的是政府效率对于高铁开通和城市经济增长之间关系的调节作用，模型 3 表示的是创新环境对于高铁开通和城市经济增长之间关系的调节作用。模型 1 的结果表明，高铁开通与经济增长在 10% 显著性水平上呈正相关关系（$\beta=0.034$，$p<0.1$），即高铁开通会显著促进城市经济的增长，假设 1 得到验证。模型 2 的结果表明，高铁开通与政府效率的交乘项在 5% 的显著性水平上显著为负（$\beta=-0.017$，$p<0.05$），即政府效率负向调节高铁开通与经济增长之间的关系，假设 2 得到验证。模型 3 的结果表明，高铁开通与创新环境的交乘项在 1% 的显著性水平上显著为正（$\beta=0.005$，$p<0.01$），即创新环境正向调节高铁开通与经济增长之间的关系，假设 3 得到验证。在模型 4 中，同时加入政府效率和创新环境与高铁开通的交乘项，政府效率与高铁开通的交乘项显著为负（$\beta=-0.020$，$p<0.01$），创新环境与高铁开通的交乘项显著为正（$\beta=0.005$，$p<0.01$），再次验

证了假设 2 和假设 3。

表 3-2　　基准回归结果

	模型 1 *EG*	模型 2 *EG*	模型 3 *EG*	模型 4 *EG*
HSR×Post	0.034* （0.016）	0.095*** （0.025）	-0.111*** （0.033）	-0.059* （0.031）
GE	0.001 （0.004）	0.019** （0.007）		0.022*** （0.008）
HSR×Post×GE		-0.017** （0.006）		-0.020*** （0.007）
IE	0.003*** （0.001）	0.002*** （0.001）	0.001 （0.001）	0.001 （0.001）
HSR×Post×IE			0.005*** （0.001）	0.005*** （0.001）
ECA	0.590*** （0.048）	0.594*** （0.048）	0.599*** （0.047）	0.605*** （0.048）
EMA	-0.538*** （0.048）	-0.540*** （0.048）	-0.548*** （0.047）	-0.551*** （0.047）
UL	0.143 （0.096）	0.140 （0.097）	0.117 （0.093）	0.109 （0.093）
IS	0.003** （0.001）	0.003* （0.001）	0.003** （0.001）	0.003*** （0.001）
PS	0.109** （0.036）	0.111*** （0.034）	0.110*** （0.034）	0.112*** （0.031）
城市固定效应	是	是	是	是
年份固定效应	是	是	是	是
常数项	7.255*** （0.611）	7.205*** （0.607）	7.163*** （0.593）	7.087*** （0.589）
N	3 748	3 748	3 748	3 748
R^2	0.945	0.946	0.946	0.948

注：括号中为标准误，*、**、***分别表示在 10%、5%、1% 的水平上显著，下表同。

三、调节作用的异质性检验

本章将中国的城市划分为城市群中心城市、城市群外围城市和非城市群城市，分组进行回归以检验调节作用在不同类别城市之间的异质性，回归结果如

表 3－3 所示。由表 3－3 可知，对于城市群中心城市来说，高铁开通与政府效率和创新环境的交乘项均不显著，即政府效率和创新环境对高铁开通和经济增长之间的关系没有显著的调节作用。对于城市群外围城市来说，高铁开通与政府效率的交乘项在 5% 的显著性水平上显著为负（$\beta=-0.025$，$p<0.05$），即政府效率负向调节高铁开通与经济增长之间的关系。高铁开通与创新环境的交乘项在 10% 的显著性水平上显著为正（$\beta=0.003$，$p<0.1$），即创新环境正向调节高铁开通与经济增长之间的关系。对于非城市群城市来说，高铁开通与政府效率和创新环境的交乘项均不显著，即政府效率和创新环境对高铁开通和经济增长之间的关系没有显著的调节作用。以上结果表明，政府效率和创新环境的调节作用在城市群中心城市、城市群外围城市和非城市群城市之间存在区域异质性，假设 4 和假设 5 得到验证。这主要是因为，对于城市群中心城市来说，城市之间的创新环境和政府效率差别较小，因此其对高铁开通和经济增长之间关系的调节作用并不显著。而相比于城市群城市，非城市群城市资源和信息传递的速度慢、规模小、范围窄，高铁开通带来的政府之间的竞争压力相对较小，创新要素的流动相对较慢，因此政府效率和创新环境的调节作用并不显著。

表 3－3　　异质性检验

	城市群中心城市		城市群外围城市		非城市群城市	
	EG		*EG*		*EG*	
HSR×Post	0.046 (0.038)	0.050 (0.149)	0.091** (0.029)	−0.079* (0.040)	0.035 (0.053)	−0.008 (0.056)
GE	0.007* (0.003)	0.002 (0.003)	0.054*** (0.012)	0.024** (0.008)	0.017 (0.012)	0.016 (0.010)
HSR×Post×GE	−0.005 (0.004)		−0.025** (0.009)		0.005 (0.014)	
IE	−0.001 (0.002)	0.001 (0.002)	0.002* (0.001)	0.002* (0.001)	0.005*** (0.001)	0.004*** (0.001)
HSR×Post×IE		−0.001 (0.003)		0.003* (0.001)		0.003 (0.002)
ECA	0.593*** (0.085)	0.595*** (0.085)	0.573*** (0.062)	0.575*** (0.061)	0.598*** (0.078)	0.601*** (0.076)

续表

	城市群中心城市		城市群外围城市		非城市群城市	
	EG		*EG*		*EG*	
EMA	-0.533^{***} (0.082)	-0.538^{***} (0.083)	-0.521^{***} (0.061)	-0.524^{***} (0.059)	-0.050^{***} (0.081)	-0.553^{***} (0.079)
UL	0.048 (0.203)	0.072 (0.207)	0.153 (0.113)	0.147 (0.110)	−0.095 (0.077)	−0.104 (0.077)
IS	−0.001 (0.003)	−0.001 (0.003)	0.003^{*} (0.002)	0.004^{*} (0.002)	0.006^{**} (0.002)	0.007^{**} (0.002)
PS	0.091^{*} (0.038)	0.085 (0.040)	0.141^{*} (0.068)	0.140^{*} (0.068)	0.140^{*} (0.074)	0.147^{*} (0.076)
城市固定效应	是	是	是	是	是	是
年份固定效应	是	是	是	是	是	是
常数项	8.516^{***} (1.088)	8.510^{***} (1.048)	7.281^{***} (0.895)	7.245^{***} (0.879)	6.448^{***} (0.934)	6.380^{***} (0.920)
N	444	444	2 328	2 328	976	976
R^2	0.958	0.958	0.952	0.952	0.964	0.964

四、平行趋势检验及动态检验

双重差分估计法要求在高铁开通之前所有城市的经济增长具有平行趋势。本章借鉴 Beck 等（2010）的检验方法，选取高铁开通前后 7 年作为观测期，将观测期内各年份的虚拟变量纳入回归模型中，对平行趋势假设进行验证。图 3-1 显示了高铁开通前后共 15 年各年份虚拟变量的估计值和 95% 的置信区间，高铁开通前 7 年各年份的虚拟变量均不显著异于 0，平行趋势得到验证。高铁开通后的动态效应检验表明，高铁开通后 7 年的虚拟变量大多显著不为 0，而且随着高铁开通时间的延长，高铁开通前后的经济增长差异也越大。

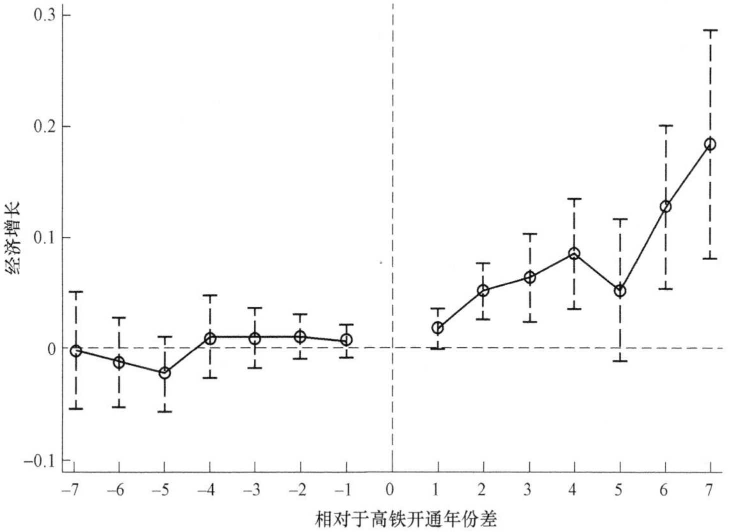

图 3－1　平行趋势及动态效果检验

五、稳健性检验

（一）考虑高铁线路和站点数量的影响

在上述回归分析中，本章以在样本观测期内高铁是否开通和在某一年高铁是否开通的交乘项作为虚拟变量来衡量高铁开通对经济增长的影响，虽然能够直观地了解高铁开通是否促进了经济增长，但研究视角较为单一，难以捕捉不同城市之间高铁线路（*HSRR*）和高铁站点（*HSRS*）数量的差异对经济增长造成的影响。因此，本章再次收集了各城市开通的高铁线路以及开设的高铁站点的数据，并以此作为高铁开通这一虚拟变量的替代变量重新进行回归，回归结果如表 3－4 所示。由模型 5 和模型 8 可知，高铁线路（β=0.050，p＜0.01）和高铁站点（β=0.089，p＜0.01）与经济增长之间均有正向显著的关系，即城市开通高铁线路和开设高铁站点数量的增加，会进一步促进经济的增长。由模型 6 和模型 9 可知，高铁线路（β=－0.005，p＜0.01）和高铁站点（β=－0.001，p＜0.01）与政府效率的交乘项均显著为负，即政府效率负向调节高铁线路和高铁站点与经济增长之间的关系。由模型 7 和模型 10 可知，高铁线路（β=0.002，p＜0.01）和高铁站点（β=0.001，p＜0.01）与创新环境的交乘项均显著为正，即创新环境正向调节高铁线路和高铁站点与经济增长之间的关系。证明了本章的研究结论是稳健的。

表 3-4　　高铁线路和站点数量对经济增长的影响

	模型 5 *EG*	模型 6 *EG*	模型 7 *EG*	模型 8 *EG*	模型 9 *EG*	模型 10 *EG*
HSRR	0.050*** (0.012)	0.089*** (0.013)	-0.043* (0.021)			
HSRS				0.014** (0.005)	0.026*** (0.006)	-0.026*** (0.008)
GE	-0.002 (0.004)	0.015*** (0.003)		-0.001 (0.004)	0.008 (0.006)	-0.002 (0.004)
HSRR × Post × GE		-0.005*** (0.001)				
HSRS × Post × GE					-0.001*** (0.001)	
IE	0.003*** (0.001)	0.002** (0.001)	0.001 (0.001)	0.003*** (0.001)	0.002*** (0.001)	0.002* (0.001)
HSRR × IE			0.002*** (0.001)			
HSRS × IE						0.001*** (0.001)
ECA	0.587*** (0.048)	0.605*** (0.048)	0.591*** (0.048)	-0.589*** (0.049)	0.598*** (0.049)	0.592*** (0.049)
EMA	-0.536*** (0.047)	-0.551*** (0.048)	-0.541*** (0.047)	-0.538*** (0.048)	-0.546*** (0.048)	-0.543*** (0.048)
UL	0.129 (0.094)	0.121 (0.094)	0.115 (0.092)	0.138 (0.095)	0.132 (0.096)	0.125 (0.094)
IS	0.003** (0.001)	0.003** (0.001)	0.004** (0.001)	0.003* (0.001)	0.003* (0.001)	0.003** (0.001)
PS	0.105** (0.035)	0.089** (0.035)	0.108*** (0.032)	0.110** (0.036)	0.103** (0.033)	0.107*** (0.033)
城市固定效应、年份固定效应	是	是	是	是	是	是
常数项	7.311*** (0.606)	7.199*** (0.600)	7.259*** (0.596)	7.271*** (0.614)	7.204*** (0.616)	7.262*** (0.605)
N	3 748	3 748	3 748	3 739	3 739	3 739
R^2	0.946	0.948	0.947	0.945	0.946	0.947

（二）不同时间段的估计结果

在基准回归中，由于数据的可获得性，本章的样本观测期间为 2003—2017 年。但中国首次开通高铁的时间为 2008 年，为加强样本之间的对比性，本章再次以高铁开通的前后 5 年（2003—2013 年）为样本观测期，并重新进行回归，以检验研究结果的稳健性。回归结果如表 3－5 所示。由表 3－5 可知，高铁开通（β=0.033，p＜0.05）对经济增长有显著的促进作用，政府效率（β=－0.015，p ＜0.05）负向调节高铁开通和经济增长之间的关系，创新环境（β=0.002，p＜0.05）正向调节高铁开通与经济增长之间的关系。再次证明了本章的研究结论是稳健的。

表 3－5　　不同时间段的稳健性检验结果

	模型 14 经济增长	模型 15 经济增长	模型 16 经济增长
HSR×Post	0.033** (0.015)	0.088*** (0.276)	－0.044 (0.030)
GE	－0.002 (0.007)	0.011** (0.005)	－0.003 (0.007)
HSR × Post × GE		－0.015** (0.006)	
IE	0.001 (0.001)	0.001* (0.001)	0.001 (0.001)
HSR × Post × IE			0.002** (0.001)
ECA	0.534*** (0.049)	0.535*** (0.048)	0.539*** (0.049)
EMA	－0.516*** (0.050)	－0.515*** (0.050)	－0.520*** (0.050)
UL	0.041 (0.061)	0.036 (0.059)	0.027 (0.060)
IS	0.002 (0.002)	0.002 (0.002)	0.002 (0.002)
PS	0.019 (0.024)	0.027 (0.020)	0.020 (0.023)
城市固定效应、年份固定效应	是	是	是
常数项	8.608*** (0.564)	8.637*** (0.546)	8.548*** (0.542)
N	2 732	2 732	2 732
R^2	0.960	0.961	0.960

第六节　结论与讨论

交通基础设施的建设和发展对于推动城市经济增长至关重要。高铁作为提振经济、促进经济发展的重要交通基础设施投资项目，对经济增长的影响不容忽视。高铁的快速发展激发了国内外学者对高铁开通与经济增长关系的研究兴趣。然而，目前学术界对这一影响作用的研究尚未达成共识，需要进一步分析高铁如何影响经济增长。本章以 2003—2017 年中国 327 个城市为研究对象，采用多期双重差分法研究高铁开通对经济增长的影响，并从信息流动和政府竞争压力的视角进一步探讨了创新环境和政府效率对于高铁开通和经济增长之间关系的调节作用。研究发现：首先，高铁开通会促进地区经济的增长。高铁开通能够产生“时空压缩效应”，提升可达性和运输能力，促进不同城市之间资源和信息的传递，有利于经济增长。其次，政府效率负向调节高铁开通和经济增长之间的关系。对于政府效率较低的城市而言，高铁开通会使得信息的传递速度更快，政府信息更加公开和透明，其更易于意识到与其他地方政府之间的差距，面临的竞争压力加大，这种竞争压力会迫使其采取行动促进自身效率的提升，同时促进经济的快速增长。再次，创新环境正向调节高铁开通和经济增长之间的关系。对于创新环境较好的城市而言，其在高铁开通之前就已经具有完备的交通基础设施，高铁的开通能够迅速加快人力资源、优势资本和信息等的传递和聚集，对经济增长的促进作用更强。最后，创新环境和政府效率对高铁开通和经济增长之间关系的调节作用在城市群中心城市、城市群外围城市和非城市群城市之间存在区域异质性。在我国所有的城市中，创新环境和政府效率对城市群外围城市的调节作用显著，而对于城市群中心城市和非城市群城市而言，这种调节作用并不显著。

第七节　对“一带一路”沿线国家的启示

虽然本章以2003—2017年中国327个城市为研究样本，从信息流动和政府竞争压力的视角出发，采用多期双重差分法探讨了在中国的情境下，高铁开通对经济增长的促进作用，以及政府效率和创新环境对高铁开通和经济增长之间关系的影响，研究对象为单一国家，缺乏一定的全面性和代表性，研究结论的普适性值得进一步探讨。但由于中国经济的整体发展情况和发展速度与“一带一路”沿线国家具有高度的相似性和关联性，高铁等交通基础设施建设对于“一带一路”沿线国家的经济发展和增长至关重要，以及大多数“一带一路”沿线国家的政府效率和创新环境亟待改善和优化等原因，本章的研究结论仍能够为“一带一路”沿线国家提供重要参考与借鉴。本章研究结论对“一带一路”沿线国家的具体启示如下：

首先，参与高铁建设的“一带一路”沿线国家应充分发挥高铁开通对城市经济增长的带动作用，促进区域协调健康发展。高铁开通能够缓解地理距离导致的时空约束，改善“一带一路”沿线国家区域之间的可达性，加快信息和劳动力等资源的跨区域流动，降低城市对于知识等资源的获取、创造和转移成本，有利于区域间人口的迁入与迁出，促进旅游、餐饮和房地产等服务业的发展，增加“一带一路”沿线国家沿线城市的就业机会，提高其市场消费能力。同时，建设高铁所需要的资本投入以及随着高铁开通所带来的高新技术产业的发展，也能够直接刺激“一带一路”沿线国家经济的增长。而且，高铁开通具有很强的“虹吸效应”，能够加快人才、知识和生产要素等的聚集和传递，进而产生“一带一路”沿线国家的城市集聚效应，为经济增长奠定良好的知识和人力资本基础。另一方面，从信息流动的角度来讲，信息在城市之间的传递会受到多种“噪声”的影响，在交通较为便利的地区，地理距离对信息传递的负面影响相对较弱。虽然在短期内，高铁的建设和开通会给“一带一路”沿线国家当地政府造成一定的财政压力，但当地政府也应该意识到，高铁的开通能够压缩时空距离，改善可达性，降低信息不对称程度，提高信息传递的质量和效率，促进“一带一路”沿线国家的经济协同发展。对于企业等微观主体而言，高铁开通能够加强企业之间的近距离沟通，降低信息沟通成本，优化企业资源配置效率，提高全要素生产率，快速提升“一带一路”沿线国家不同城市之间的通达性，促进区域经济的协同发展，在城市经济增长过程中具有长期引领作用。尤其是对于“一带一路”沿线国家的落后地区和外围城市来说，要充分发挥高铁开通对城市经济增长的带动作用。同时，当地政府要制定相应的政策和制度来不断优化经济增长的环境，减少或避免优质资源和要素的流失。

其次，“一带一路”沿线国家应充分关注创新环境和政府效率对高铁开通和经济增长之间关系的调节作用。在政府效率方面，“一带一路”沿线国家应意识到政府效率是对当地政府行政服务水平和交易成本的重要体现，会对一个城市的经济行为产生显著影响。推动政府职能向服务型转变，通过提升政府服务效率、提高税收服务质量、改善政商关系等方式提升政府效率，减少无效干预，可以降低制度交易成本。对于“一带一路”沿线国家中一些政府效率较低的城市，其面临的竞争压力较大，这种压力会倒逼其采取行动去促进效率的提升，进而推动该城市的经济增长。在创新环境方面，“一带一路”沿线国家应意识到创新是经济健康发展的重要引擎，创新环境是激励与约束创新主体行为，保障创新得以实现的网络系统。创新主体只有在一定的创新环境中才能有效培育和展现出创新活力，从而推动其区域创新能力提升和经济增长。创新环境较好的国家和城市，其高新技术产业往往较为发达。高铁本身在建设和运行过程中能够带动沿线城市上下游关联高新技术产业的进一步发展，从而对“一带一路”沿线国家的经济增长有一定的促进作用。高铁开通以后，更多的创新者和创新要素能够在高铁范围内自由移动，打破由于交通的低连通性导致的知识交流障碍，驱动“一带一路”沿线国家不同城市和区域之间的知识交流和互动，进一步触发“学习效应”“模仿效应”和“传播效应”。与创新环境较差的城市相比，在创新环境较好的城市，开通高铁能够提高其知识等创新要素转移和交流的效率，加快新技术和新知识在城市范围内的转化和应用，促进创新活动的开展，更有利于“一带一路”沿线国家经济的增长。因此，对于“一带一路”沿线国家中一些创新环境相对较差的城市，当地政府应该加大力度优化城市的创新环境，为高铁开通促进经济增长提供良好的环境条件，减少创新要素等的流出，充分发挥创新环境的正向调节作用，进一步促进经济的增长。

最后，“一带一路”沿线国家应提高城市群建设的意识，并充分意识到创新环境和政府效率的调节作用在城市群中心城市、城市群外围城市和非城市群城市之间的区域异质性。对于城市群中心城市、外围城市和非城市群城市来说，不同城市之间的资源和信息的传递速度以及创新环境和政府效率有所不同，因此，创新环境和政府效率的调节作用具有区域异质性。例如，在城市群城市和非城市群城市的异质性方面。高铁开通之前，城市群内部的其他交通基础设施（如高速公路、铁路等）相对较为完善，资源和信息能够在一定范围内实现聚集和传递。高铁开通后，更加速了这种资源和信息聚集、传递的规模和速度。与非城市群城市相比，城市群内部资源和信息传递的速度更快、规模更大、范围更广。对于“一带一路”沿线国家中已经建成或已具雏形的城市群，应注意城市群外围城市是否能平衡好高铁的“虹吸效应”和“溢出效应”的相互影响，当地政府应制定相应的支持政策来促进其创新环境的提升，帮助其通过高铁开通来加快与中心城市的信息互动和交流，学习和吸收中心城市的核心技术和资源，减少优质资源和人才的流出，促进“一带一路”沿线国家经济的增长。对于非城市群城市，当地政府应当加快高铁的建设和开通，促进高铁网络的扩大和延伸，实现经济的均衡、协调、持续和稳定发展。

第四章　高铁发展水平与收入差距
——基于中国12个城市群的研究

第一节　引　　言

“十四五”规划指出，我国发展的不平衡和不充分问题仍然突出；要深入实施区域协调发展战略，在发展中促进相对平衡；要自觉主动缩小地区和城乡收入差距。可见，我国的地区发展不平衡问题仍旧严重，东西失调，南北分野等问题都使得地区收入差距问题一直存在。长期以来，党和国家一直在致力于促进区域平衡发展。党的十九大报告指出，要“实施区域协调发展战略，以城市群为主体构建大中小城市和小城镇协调发展的城镇格局”。“十四五”规划也强调要“推动城市群一体化发展”。由此可见，以城市群为主体的区域协调发展成为新时代我国区域经济发展的主要形式，那么如何才能缩小城市群内部城市间的收入差距，促进城市群内城市间的均衡发展？这个重大的现实问题不仅是党和国家的关注焦点，也是有待学者们探索研究的问题。

党的十八大以来，我国的高速铁路发展迅速，取得了显著成就，产生了巨大的经济社会效益。呈现出强大的发展潜力和带动作用，已成为国家现代化建设的重要标志性工程。截至2020年年底，全国铁路运营里程已达14.6万公里，其中高铁近3.8万公里，居世界第一。“十四五”规划提出，要基本贯通“八纵八横”高速铁路，推进城市群都市圈交通一体化。高铁的发展大大压缩了城市之间的时空距离，在方便居民出行的同时也使得城市之间的可通达性得以增强，欠发达地区与发达地区的联系更为密切，促进了区域间要素的流动，对我国的区域经济发展和收入差距产生了重要的影响（王雨飞和倪鹏飞，2016；陈丰龙，2016）。

随着城市群在我国经济增长和区域经济平衡发展中地位的不断提升，探索高铁建设发展与城市群收入差距二者之间的联系及内在作用机理十分必要。对这一问题的研究，有助于我们了解高铁建设发展所带来的经济效应，为下一阶段的高铁建设规划提供参考，并为缩小地区收入差距和促进区域经济平衡发展提供相关证据和政策启示。相较于现有文献，本章拟创新点在于：第一，研究视角上，区别于传统的以城乡收入差距或是全国各地区收入差距为切入点，本章以城市群收入差距为切入点，评估城市群高铁建设发展对城市群内城市间收入差距的影响，丰富了高铁、城市群以及收入差距领域的研究。第二，研究方法上，区别于以往采用虚拟变量衡量高铁是否开通并运用双重差分法评估高铁开通的政策效应，本章重在考察高铁发展水平[①]的差异对收入差距的影响。第三，研究深度上，在研究高铁发展对城市群收入差距影响的基础上，本章就二者间的影响机制和该影响的异质性特征等问题进行了较为系统的研究。

余下部分的结构安排如下：第二节回顾学界有关高铁与收入差距的研究并提出了本章的研究假设；第三节构建计量模型分析了城市群高铁发展水平对城市群收入差距的影响；第四节报告主要的计量结果；第五节进行稳健性检验；第六节验证高铁发展水平影响城市群收入差距的内在作用机制；第七节对影响高铁发展水平与城市群收入差距的异质性特征进行检验；第八节提出对“一带一路”沿线国家的启示。

① 为了更好地反映不同地区高铁发展水平的差异，本章参考周玉龙等（2018）的研究，采用高铁线路数量衡量高铁发展水平。

第二节　文献评述与研究假设

一、文献评述

收入差距可分为群体内收入差距和群体间收入差距，对群体内收入差距的研究主要关注的是全国居民、农村居民和城镇居民内部的收入差距；对群体间收入差距的研究主要关注的是城乡之间、全国地区之间以及行业之间的收入差距等（黄泰岩和王检贵，2000），较少有研究以城市群为切入点，直接关注城市群内城市间的收入差距问题。目前国内外有关收入差距的文献主要可分为两大类，一是通过不同的测度方法尽可能准确地反映收入差距及其变化趋势（Shankar 和 Shah，2003；田卫民，2012；Piketty 等，2019）。二是针对收入差距的形成和成因展开的研究，主要涉及经济和政策等方面的因素，包括经济发展水平、产业结构、城镇化和财政支出等（彭定贇和王磊，2013；张玉昌和陈保启，2018；赵峥等，2018）。还有学者从交通基础设施的角度出发，探索其对收入差距的影响。罗能生和彭郁（2016）的研究发现，提高交通基础设施建设水平，包括各级公路和铁路，有助于缩小收入差距。也有学者的研究结论恰恰相反，认为由于城市的集聚效应，交通基础设施导致农村居民获得的益处有限，反而不能缓解城乡收入差距（Banerjee 等，2020）。

作为一种新型的交通基础设施，高铁的建设投资可带动相关产业的发展，产生投资乘数效应（李平等，2011；侯新烁和黄素萍，2021），从而有助于地方经济的发展和收入水平的提高。高铁缩短了地区间的时空距离，提高了城市之间的可达性，使得交通成本和交易成本大大降低，有助于劳动力、资本、技术等要素在地区之间的自由和快速流动，促进了地区之间的互联互动，提高市场潜能，促进了知识和信息的溢出，从而提高居民的实际收入水平，缩小地区收入差距，实现区域经济平衡发展（Liang 等，2020；王雨飞和倪鹏飞，2016；王赟赟和陈宪，2018；Ahlfeldt 和 Feddersen，2018）。新经济地理理论认为，城市的集聚会产生规模经济和范围经济，由于劳动力多倾向于在资源聚集程度较高的地方聚集，而发达地区高昂的生产运营成本使得部分生产要素转移至周边的欠发达地区，欠发达地区因此会获得新的投资，创造新的经济活动，扩大就业，从而缩小与发达地区的收入差距。

也有研究表明，高铁的“虹吸效应”和“隧道效应”使得中心区域和获得更多基础建设投资的地区获利更多，欠发达地区的发展则进一步被抑制，从而会扩大地区之间的收入差距，加剧区域经济发展不平衡（Qin，2017；刘怡等，2018）。俞峰等（2020）指出，高铁开通使得要素流向中心城市，由此产生的“虹吸效应”减少了农村居民的收入，因此会扩大城乡收入差距。鲁万波和贾婧（2018）的研究发现，高铁对发达城市经济的推动作用要远大于对欠发达城市的作用，因此高铁会加剧地区和城乡发展的不平衡。由此可见，高铁的开通和建设对收入差距存在两方面的影响，当高铁带来的“时空压缩效应”与“集聚溢出效应”大于其负面影响时，就会有利于区域经济的平衡发展和收入差距的缩小，反之则会对区域经济平衡发展和收入差距带来负面的影响。

以上这些研究为深入了解地区收入差距及其成因提供了有益启示，但随着城市群在区域经济协调发展过程中扮演着越来越重要的角色，有必要以城市群为研究对象，探讨高铁建设发展对城市群收入差距的影响。遗憾的是，目前相关主题的研究并不多见，大部分研究关注的是高铁与个别城市群的空间结构和经济发展的关系。鉴于此，本章拟对研究内容进行拓展，以我国城市群为研究对象，重点考察城市群高铁发展水平对城市群收入差距的影响以及二者之间的内在作用机制与其异质性特征。

二、研究假设

高铁对地区收入差距的影响主要源于高铁的“时空压缩效应”。高铁的建设发展在很大程度上提高了城市群内城市之间的可达性，产生“时空压缩效应”，降低要素流动的成本，促使各类生产要素在城市群内自由且快速地流动（王雨飞和倪鹏飞，2016；Liu 和 Zhang，2018）。由于地区间要素的流动有利于纠正资源错配，提高资源配置效率（房逸靖和张治栋，2021），要素流动是引起经济增长变化进而影响地区差距的重要因素（余壮雄和杨扬，2014）。高铁的建设发展淡化了城市群内城市之间的行政边界，提升了可达性，扩大了就业范围，促进人口从城市群内的欠发达城市逐步流入发达城市和职住分离现象，提高原本收入较低群体的收入水平（王赟赟和陈宪，2018；李强，2021），从而有助于缩小城市群内城市之间的收入差距。同时，高铁庞大的建设工程还能带动城市群内欠发达城市相关产业的发展，帮助欠发达城市的劳动力获得更多就业机会，提高欠发达城市劳动力的收入水平（侯新烁和黄素萍，2021），缩小与发达城市的收入差距。除了人口的流动，高铁的建设发展还会引发资本在城市群内城市之间的流动。一方面，城市群内的大城市会将自身不具备优势的或劳动密集型产业转移至周边的中小城市；另一方面，城市群内较发达城市由于经济的不断成熟，土地成本、环境资源以及政策等因素都会在不同程度上限制企业的发展，企业因此会更加倾向于将生产活动迁移至成本更低的中小城市（陈丰龙等，2018）。高铁的建设发展大大缩短了城市群内城市之间的时间距离和空间距离。这恰恰为较发达城市产业、生产活动和投资的转移和扩散创造了良好的条件，也为其他欠发达城市的发展提供了机会（王赟赟和陈宪，2018），有助于促进城市群内城市之间的专业化分工，帮助中小城市创造经济活动，扩大就业，促进城市之间经济的协调发展。也就是说，高铁的建设发展通过促进要素的充分流动，促使人口向城市群内的发达城市聚集，投资向城市群内的欠发达城市扩散，从而促使资源更为合理地分配，有助于实现城市群内各城市收入的均衡。高铁的建设发展提高了城市群内欠发达城市的基础设施水平，使其投资环境得到改善，为吸引更多投资，如固定资产投资或外商直接投资创造了有利条件。基于以上分析，本章提出：

假设 1：城市群高铁发展水平的提高有助于缩小城市群的收入差距。

城市群内高铁的建设和发展会产生“时空压缩效应”，这意味着高铁提高了城市之间的可达性，城市间的要素流动因此会更加自由和快速，而要素的集聚和扩散则会对城市群的空间结构产生影响（王鹏和李彦，2018；Li 等，2020）。空间结构会通过集聚外部性和网络外部性对区域内的城市产生影响，而多中心的空间结构有助于两种外部性相互促进和强化，发挥协同效应：不仅能推动单方向的集聚向多向集聚和扩散转变，还能促进城市间的联系和互动，产生跨越城市边界的溢出效应，从而缩小地区收入差距（姜博和初楠臣，2015；丁如曦，2020）。经济发展初期的集聚虽然不利于缩小地区收入差距，但却对经济发展有利，因此是必要的；但当经济发展到一定程度时，过度拥挤会产生负外部性，此时要素的充分流动则会促进各种生产要素在区域内的重新分配，从而有助于缩小地区收入差距（Williamson，1965）。从空间结构的角度来说，早期经济发展引发的集聚会促使城市群向单中心空间结构演化，从而会扩大城市群收入差距；而后期要素的充分流动使得城市群逐渐向多中心的空间结构演化，此时有助于缩小城市群收入差距。即城市群内高铁的发展缩短了城市间的时空距离，提高了城市间的可达性，生产要素因此得以在城市之间自由且快速地流动，有助于经济的集聚与扩散，二者的相对变化有助于推动城市群多中心空间结构的形成，进而缩小城市群收入差距。基于以上分析，本章提出：

假设 2：城市群高铁发展水平的提高有助于促进城市群多中心空间结构的形成，从而缩小城市群的收入差距。

高铁的建设和发展打破了城市群内城市间的边界，使得区域范围不断扩大。高铁的开通有助于企业和员工在更大空间范围内的双向选择，从而促进劳动力需求与供给的高效匹配；同时，高铁对要素流动的推动使得知识和技术的溢出效应引发学习效应，影响沿线城市经济的发展和集聚程度（Storper 和 Venables，2004；万思齐和杨励雅，2020）。高铁网络的不断完善对时空距离的缩短在很大程度上降低了交通运输成本，强化了城市群内城市之间的经济联系。这大大方便了企业利用各地资源和比较优势优化生产布局，享受知识溢出效应，提高生产率（姚常成等，2019；Dong 等，2020）。除此之外，本地市场效应、自然优势、消费外部性和寻租等作为集聚经济的来源，随着高铁的建设发展会逐渐扩大，因此会提升所在城市的经济聚集程度（李红昌等，2016）。高铁的发展使可达性、沿线城市的经济发展和生产力水平均得以提高，这些都有助于促进邻近区域的经济集聚程度（Ahlfeldt 和 Feddersen，2018；覃成林和种照辉，2014）。

城市群内高铁建设的不断完善有利于沿线城市的经济集聚，同时，可达性的提高使得城市群内各城市之间彼此更加紧密。城市之间的邻近可以有效地分享集聚经济（Phelps 和 Ozawa，2003），这有助于城市群内各城市之间的均衡发展，从而有利于缩小收入差距。非中心城市可以从中心城市的集聚经济中获利，但会随着距离的增加而减弱（McDonald 和 Prather，1994）。高铁的出现则在一定程度上克服了距离影响，城市群内城市之间因高铁变得更加可达，中心大城市集聚经济能使城市群范围内的中小城市尽可能地获利，缩小与中心大城市的差距。产业集聚能有效提高所在城市的工资水平，而在溢出效应及扩张效应的作用下，邻近城市之间的工资差距将会缩小（谢露露，2015）。高铁网络的不断完善在不断巩固中心城市集聚经济的前提下，还能促进城市群内要素的自由流动，各城市之间的要素得以合理分工、优化配置，避免核心区域过度集聚，缓解核心区域的拥挤；同时在要素的充分流动下，要素在区域内的重新分配又会有利于缩小地区收入差距。高铁的发展使得中心大城市更便捷地将自身不具优势的或劳动密集型产业转移至周边中小城市，一些企业也会因为大城市高昂的运营成本将生产车间迁至成本更低的中小城市，中小城市因此会获得新的投资，创造更多的经济活动，扩大就业，从而缩小与大城市的收入差距。基于以上分析，本章提出：

假设 3：城市群高铁发展水平的提高有助于促进城市群的经济集聚，从而缩小城市群收入差距。

高铁的建设增强了区域之间的联系，原本因交通不便而流动受阻的各类要素因此得以顺畅流动（Chen 和 Haynes，2017）。这是因为高铁的“时空压缩效应”提高了城市群内各城市之间的可达性，降低了运输成本，使得城市群内各城市之间的联系不断增强，城市间的界限不断被打破，城市边界不断扩大，推动各类生产要素在城市群内更加方便快捷地流动。高铁加快了高素质劳动力的跨区域流动，由此引发的学习效应、模仿效应和竞争效应会促使地区之间相互学习交流，引发知识外溢，促进区域技术创新和进步（卞元超等，2019；赵昕和刘静，2021）。这些高素质人才是先进知识和信息的有效载体（杜兴强和彭妙薇，2017），其在城市群内的流动有助于先进知识和技术在城市群内各城市间的传播，产生知识溢出，从而能促进城市群内城市的创新行为和技术进步。高铁的建设发展使地区间的运输成本大大降低，区域间要素的流动规模和速度得以提升（赵昕和刘静，2021），这有利于区域间开展的众多经济活动，包括资本跨区域的聚集、高素质人才跨地区的流动、地区之间的贸易合作以及微观层面上企业之间跨地区的学习交流等（余泳泽等，2019），这些均有助于促进城市群的创新和技术进步。

随着高铁的发展和高铁网络的不断完善，要素在地区间的流动以及跨区域的经济活动能得到有效提高，中心城市知识溢出和技术扩散的成本不断降低，外围城市通过源源不断地引进、吸收新知识和新技术，并通过“干中学”和再创新发挥技术红利效应（房逸靖和张治栋，2021），从而缩小与中心城市的差距。技术创新引发的知识溢出效应使得素质较高的劳动者有机会通过“干中学”提高劳动技能甚至是获得新的劳动技能，增加工资收入，缩小地区间的收入差距（Glaser 和 Strauss，2017）。Antonelli 和 Gehringer（2017）的研究也发现技术革新有利于缩小收入差距。中性技术进步会增加技能劳动的供给，使得高技能和低技能劳动者的工资同比例地提高，这种无偏特征有利于缩小二者之间的工资差距（董直庆等，2014）。技术创新有助于缩小居民收入差距，同时还验证了技术创新在城市化缩小居民收入差距中的中介作用（赵峥等，2018）。因此，高铁的发展使得城市群内各城市之间的联系更加紧密，有利于城市间创新要素的流动和经济活动的开展，促进了城市群的技术进步。同时，城市群内的中小城市通过知识溢出效应不断提升自身的技术水平和创新能力，促进经济增长、提高居民收入，从而缩小与中心大城市的收入差距。基于以上分析，本章提出：

假设 4：城市群高铁发展水平的提高有助于促进城市群的技术进步，从而缩小城市群收入差距。

高铁建设发展产生的“时空压缩效应”提高了城市间的可达性（Hu 等，2019），降低了城市间的时间成本和贸易成本，在很大程度上提高了各生产要素流动的速度和范围，对各地区产业结构优化升级具有明显的经济效应（王群勇和王西贝，2021）。具体来说，高铁建设发展水平的提高加快了要素跨区域的流动，加速了知识外溢，强化了城市之间的经济联系（Dong 等，2020），这有助于城市群内城市之间产业分工合作和产业布局的合理化，推动产业转移和产业结构升级（王群勇和王西贝，2021）。高铁的建设发展推动了地区产业结构由低级向高级转变，且这一过程主要是通过加速资本和劳动力的再配置效应来实现的（黎绍凯等，2020）。随着城市群内中心大城市的不断发展，中心大城市会倾向于将自身不具备优势的或是劳动密集型产业转移至城市群内的其他中小城市，而高铁网络的不断完善则方便了城市群内城市之间的产业转移，促进了城市群的产业结构的调整（陈丰龙等，2018）。高铁的发展会促使高端服务业向大城市聚集，低端制造业向中小城市聚集（宣烨等，2019）。中小城市的产业结构逐渐向制造业这种劳动密集型产业调整，有助于创造就业需求、增加就业岗位，整体提高中小城市居民的收入，从而有利于缩小中小城市与大城市的收入差距。因此，城市群内产业结构调整程度越高，就越有利于高铁发挥其对城市群收入差距的缩小作用。基于以上分析，本章提出：

假设 5：城市群高铁发展水平对城市群收入差距的影响受到城市群产业结构调整的影响。

由于中国地大物博、幅员辽阔，各区域、城市之间存在着较大差异，学者们在以城市收入差距为研究对象时会考虑到种种差异所带来的影响，包括城市等级、大小以及地理位置等（陈丰龙等，2018；俞峰等，2020；侯新烁和黄素萍，2021）。那么，不同城市群之间存在的异质性是否会使高铁发展水平对城市群收入差距之间的影响产生差异？为了探讨这一问题，本章将从城市群的规模和地理位置两方面分别展开讨论。交通基础设施水平的变化对大城市与小城市会产生不同的影响（王赟赟和陈宪，2018）。这意味着城市群规模不同，高铁发展水平对城市群收入差距的影响存在差异。随着城市形态的逐渐变化，城市内的收入差距逐渐形成，并且这种不平衡在规模较大的城市更加明显（昝欣和欧国立，2019）。城市的发展意味着外来人口的比重会不断加大，这会逐渐扩大城市内部的收入差距（李静和李逸飞，2020）。随着人口不断涌入发展水平较高的城市，企业拥有了更为广泛的人力资本选择范围，在优胜劣汰机制的作用下，效率不高且自身能力提升速度较慢的劳动者在这一过程逐渐被淘汰，使得城市内部的收入差距扩大（张天华等，2017）。对城市群来说也是一样的道理。随着城市群总体规模的不断扩大以及总体经济发展水平的不断提高，流入城市群的人口会不断变多，这会使城市群内竞争加剧、生活成本不断提升，从而使得城市群内的收入差距逐渐增大。而高铁水平的提高则会在很大程度上缓解城市群的拥挤效应，帮助城市群实现一个更为均衡的城市规模。也就是说，在规模较大的城市群，高铁的发展水平对收入差距可能会产生更强的边际作用，而在规模较小的城市群则作用有限。随着城市群规模的扩大，城市的规模集聚效应也会随之不断演变，对城市的经济发展产生不同的影响（李泽众和沈开艳，2020），从而影响城市群收入差距。城市群所处地理位置也可能会对高铁发展水平与城市群收入差距间的关系产生影响。本章分别从南北地区与是否沿海两个维度衡量城市群的地理位置。有关高铁效应和城市和区域发展的异质性研究在进行分析时通常把样本划分为东、中、西部进行比较（陈丰龙等，2018；俞峰等，2020）。近年来，“南快北慢”“南升北降”等问题使得南北地区差距逐渐扩大，形成“南北分野”（李兰冰和刘秉镰，2020；孙久文和蒋治，2021）。因此研究南北地区城市群差异对收入差距的影响有着重要的现实意义。基于以上分析，本章提出：

假设 6：城市群高铁发展水平对城市群收入差距的影响受到城市群规模的影响。

假设 7：城市群高铁发展水平对城市群收入差距的影响存在地理位置异质性。

第三节　计量模型设定与数据说明

一、模型设定

根据前文的理论分析与研究假设，为了验证城市群高铁发展水平与城市群收入差距的关系，本章设定了如下双向固定效应模型：

$$Gini_{it} = \alpha + \beta Hsr_{it} + \gamma C_{it} + \delta_i + \eta_t + \varepsilon_{it} \tag{4-1}$$

式（4－1）中，i 和 t 分别表示城市群和年份，α 为常数项，β 和 γ 为各变量对应的系数，*Gini* 反映城市群收入差距，*Hsr* 代表城市群高铁发展水平，*C* 表示其他可能影响城市群收入差距的城市群层面的控制变量，模型还控制了城市群固定效应 δ 和年份固定效应 *η*，ε 为随机误差项。由于本章使用的面板数据涉及 12 个城市群在 12 年间的观测值，个体数量相对于时间数量较小，属于长面板。本章参考陈强（2014）对于长面板的处理，对于个体固定效应加入了城市群虚拟变量；而对于时间效应控制了年份趋势项。为了有针对性地解决模型可能存在的一阶序列自相关、组间异方差和截面相关问题，本章使用可行广义最小二乘法（FGLS）对模型进行估计。

为了进一步检验高铁发展水平影响城市群收入差距的作用机制，本章参考 Baron 和 Kenny（1986）以及温忠麟等（2004）提出的检验中介效应的步骤，构建如下逐步检验模型对中介效应进行验证：

$$Gini_{it}=\alpha+\beta Hsr_{it}+\gamma C_{it}+\delta_i+\eta_t+\varepsilon_{it} \tag{4-2}$$

$$M_{it}=a_0+a_1Hsr_{it}+a_2C_{it}+\delta_i+\eta_t+\varepsilon_{it?} \tag{4-3}$$

$$Gini_{it}=b_0+b_1Hsr_{it}+b_2M_{it}+b_3C_{it}+\delta_i+\eta_t+\varepsilon_{it?} \tag{4-4}$$

其中，*a*、*b* 为对应系数，*M* 代表中介变量，包括城市群多中心空间结构、技术进步和经济集聚。对式（4－2）至式（4－4）进行估计可判断出上述三个中介变量的中介效应是否成立。

之后，为了验证城市群产业结构与城市群规模对高铁发展水平与城市群收入差距的影响，本章在式（4－1）的基础上分别引入城市群产业结构与城市群规模，构建了如下模型：

$$Gini_{it}=\alpha_1+\beta_1 IIsr_{it}+\beta_2 Mo_{it}+\beta_3 Hsr_{it}\times Mo_{it}+\lambda C_{it}+\delta_i+\eta_t+\varepsilon_{it?} \tag{4-5}$$

其中，*Mo* 表示调节变量，包括城市群产业结构和城市群规模。$Hsr_{it}\times Mo_{it}$ 代表高铁线路数量与产业结构和城市群规模的交乘项。

二、变量描述

（一）被解释变量

城市群收入差距（*Gini*）。由于各地居民实际收入数据资料的匮乏，学者们通常采取宏观指标代替居民收入指标（黄泰岩和王检贵，2000）。本章借鉴黄涛等（2006）、谢申祥和孝松（2011）和彭定贇和王磊（2013）的研究，采用人均GDP 作为居民实际收入的替代指标来测量城市群收入差距。现有衡量地区收入差距的方法主要有：洛伦兹曲线法、库兹涅茨比率、阿特金森指数法、标准差法、变异系数法、相对平均偏差法、泰尔指数法、基尼系数直接计算法以及基尼系数分组计算法等（黄泰岩和王检贵，2000；Shankar 和 Shah，2003；林宏和陈广汉，2004）。本章主要使用基尼系数分组计算法对城市群内部的收入差距进行测算。同时，本章还计算了标准差（S）、不加权和加权变异系数（CV_u 和 CV_w）、相对平均偏差（R_w）和直接计算的基尼系数（G）用于稳健性检验。本章使用的基尼系数分组计算公式如下：

$$Gini = 1 - 2\sum_{i=1}^{n} y_i^s p_i + \sum_{i=1}^{n} y_i p_i \qquad (4-6)$$

其中，y_i 是城市群内城市 i 的 GDP 占所属城市群总 GDP 的比重，p_i 是城市群内城市 i 的人口数占所属城市群总人口的比重，y_i^s 是城市群内城市按人均 GDP 排序后 y_i 从 i=1 到 i 的累计数，n 为城市群内的城市数量。基尼系数的值越大，表示城市群收入差距越大。

（二）解释变量

高铁发展水平（*Hsr*）。根据 2013 年公布的《铁路安全管理条例》中的定义，高铁是指设计开行时速 250 公里以上（含预留），并且初期运营时速 200 公里以上的客运列车专线铁路。因此，本章的高铁泛指运行时速 200 公里以上的铁路列车，包括“动车组（D 字头）”“高速动车组（G 字头）”“城际高速（C 字头）”的客运车次。由于城市群由不同城市组成，采用虚拟变量衡量是否开通高铁无法很好地区分不同城市群的高铁发展差异。本章参考周玉龙等（2018）的研究，通过计算历年经过城市群内所有城市的不重复的高铁线路数量反映各城市群的高铁建设和发展情况。本章还计算了城市群内高铁站点数量（*Hsr_Sta*）和城市群内开通高铁城市的比例（*Hsr_Pro*）用于稳健性检验。

（三）多中心空间结构

本章关注的是城市群的形态多中心空间结构，即城市群内城市的人口、就业或是经济等城市形态的多元化分布程度（Meijers 和 Burger，2010；Burger 和 Meijers，2012；姚常成和吴康，2020；王峤等，2021）。考虑到各城市群的范围和结构差异，为稳妥起见，本章采用等级—规模指数法（Poly）和赫芬达尔指数法（H），分别使用经济（田超，2015；刘修岩等，2017；杜群阳和俞航东，2020）和人口（黄妍妮等，2016；姚常成和吴康，2020）数据衡量城市群的形态多中心性。本章使用的等级—规模指数公式如下：

$$\ln P_i = C - q \ln R_i \tag{4-7}$$

其中，P_i 表示城市群内第 i 位城市的年末人口或地区生产总值，C 为常数，R_i 表示城市群内城市 i 的年末人口或地区生产总值在该城市群内的排序。在对城市群内各城市按照年末人口或地区生产总值进行从大到小的排序后，进行（4－7）式的回归，可得到系数的绝对值 q，即人口或经济形态多中心指数。q 越大表明城市群内的经济或人口越集中，这时城市群越趋向于形态单中心，反之则偏向于形态多中心（Meijers 和 Burger，2010）。考虑到不同城市群内的城市数量不一致，为了便于比较不同城市群的多中心指数，本章采用了 Meijers 和 Burger（2010）的做法，将城市群内排名前二、三、四位的城市分别进行（4－7）式的回归得到的形态多中心指数 q 取均值，最终得到城市群人口形态多中心指数 $Poly\_pop$ 和经济形态多中心指数 $Poly\_eco$。

本章还参考 Al－Marhubi（2000）的做法，使用标准化的赫芬达尔指数衡量城市群的形态多中心性，具体公式如下：

$$H_i = \left[\sqrt{\sum_{i=1}^{n}\left(\frac{l_i}{L_i}\right)^2} - \sqrt{\frac{1}{n}}\right] \Big/ \left(1 - \sqrt{\frac{1}{n}}\right) \tag{4-8}$$

其中，l_i 代表城市群内城市 i 的年末人口或地区生产总值，L_i 表示城市 i 所在城市群的年末总人口或地区生产总值，n 为城市群内的城市数量。利用城市群内各城市的人口数据和地区生产总值可以计算出该城市群人口赫芬达尔指数（H_pop）和经济赫芬达尔指数（H_eco），该指数越大，说明城市群内城市的人口规模或经济规模分布得越不均匀，城市群更趋于单中心空间结构，反之则趋于形态多中心。

（四）经济集聚

参考王俊（2021）的研究，本章分别从就业密度和产业集聚两方面衡量经济集聚。具体来说，以各城市群就业人数与城市群土地面积之比表示就业密度（*Dens_emp*）；以第二产业和第三产业产值与城市群土地面积的比值来反映产业集聚（*Dens_ind*）。

（五）技术进步

参考赵峥等（2018）和李彦等（2020）的研究，本章分别从创新投入和创新产出的角度，通过计算城市群内各城市财政科学支出的和的对数（*Tech*）和专利申请授权数之和的对数（*Pat*）来衡量技术进步。

（六）产业结构调整

本章借鉴干春晖等（2011）的研究，从产业结构高级化（*Indus_ts*）和产业结构合理化（*Indus_tr*）两个维度衡量城市群产业结构调整。具体计算公式如下：

$$indus\_ts = \frac{Y_3}{Y_2} \tag{4-9}$$

$$indus\_tr = TL = \sum_{i=1}^{n}\left(\frac{Y_i}{Y}\right)\ln\left(\frac{Y_i}{L_i}/\frac{Y}{L}\right) \tag{4-10}$$

其中，Y_i 表示城市群内产业部门 i 的产出值，L_i 表示城市群内产业部门 i 的从业人数，n 为产业部门数量，值为 3。Y 和 L 分别表示城市群总产值和总从业人数。（4－9）式中数值越大，说明城市群的产业结构中第三产业占比越大，产业结构越高级。（4－10）式中的 TL 为泰尔指数，反映了产业间的协调程度以及要素投入与产出的耦合程度，TL 值越大，表明产业结构越不合理。为了把产业结构合理性指标转换为正向指标，本章还参考于斌斌（2015）的方法，采用 TL 的倒数值衡量产业结构合理性，即 *Indus_tr* 的值越大，产业结构越合理。

（七）城市群规模

本章从人口（*Size_pop*）和经济（*Size_eco*）两方面衡量城市群的规模，分别对城市群年末人口数和地区生产总值取对数对城市群人口规模和经济规模进行测度。

（八）控制变量

参考董艳梅和朱英明（2016）、陈丰龙等（2018）、昝欣和欧国立（2019）、余泳泽和潘妍等（2019）学者的研究，本章尽可能控制了城市群层面的相关影响因素，包括教育支出占财政支出的比重，用来衡量城市群的教育发展水平（*Edu*）；居民平均受教育年限，用来表示城市群的人力资本水平（*Cap*）；当年汇率调整后的实际使用外资金额的对数，用来衡量城市群对外开放程度（*Open*）；财政支出占 GDP 比重，用来反映政府对经济的干预程度（*Fisc*）；城镇私营和个体从业人员占单位从业人员比例，用来表示城市群的私营个体从业情况（*Priv*）；城镇年末登记失业人数占总人口比重，用来反映城市群的失业率（*Unemp*）；在岗职工平均工资，用来反映城市群工资水平（*Wage*）。

三、数据来源

本章数据主要由 2007—2018 年中国 12 个城市群的相关数据和高铁数据两部分组成。数据主要来源于手工整理的历年《中国城市统计年鉴》、EPS 全球统计数据/分析平台、国务院发展研究中心信息网以及中国研究数据服务平台（CNRDS）的数据。对于部分数据仍然缺失的城市通过《国民经济与社会发展统计公报》进一步补充，最后仍无法获得的少部分数据也采用了线性插值法进一步补齐。2021 年两会审议通过的《中华人民共和国国民经济和社会发展第十四个五年规划和 2035 远景目标纲要》中明确指出全国的 19 个城市群，出于平行研究的考虑，用来构造城市群数据的城市样本中只包含了地级及以上城市。考虑到数据的可获得性、城市的行政区划调整以及本章使用的多中心空间结构的主要测度方法，进一步剔除了包含缺失值较多的兰西、宁夏沿黄和天山北坡城市群与巢湖市、毕节市及儋州市等在观测区间内发生行政区划调整的城市，以及包含地级及以上城市少于 5 个的呼包鄂榆、山西中部、黔中和滇中城市群。最终利用 207 个地级及以上城市的数据构造了 12 个城市群[①]2007—2018 年的面板数据，共 144 个观测值。

① 12 个城市群具体包括：北部湾城市群、长江三角洲城市群、长江中游城市群、成渝城市群、关中平原城市群、哈长城市群、海峡西岸城市群、京津冀城市群、辽中南城市群、山东半岛城市群、中原城市群、珠江三角洲城市群。

第四节　计量结果分析

一、描述性统计

对数据进行基本处理之后，为减少极端值的影响，本章对所有连续变量进行前后1%缩尾处理。主要变量的描述性统计和相关系数矩阵见表4－1。其中，大多数变量间的相关系数小于0.5，且变量的VIF值均在1.03～3.54之间，均值为2.04，均小于临界值10，说明变量之间不存在严重的多重共线性。

表4－1　　描述性统计和相关系数矩阵

变量	均值	标准差	*Gini*	*Hsr*	*Edu*	*Cap*	*Open*	*Fisc*	*Priv*	*Unemp*	*Wage*
Gini	0.266 0	0.066 6	1								
Hsr	3.263 9	3.090 7	0.1996**	1							
Edu	0.181 2	0.047 6	−0.133 1	−0.207 6**	1						
Cap	15.927 0	0.446 4	0.106 5	0.092 9	−0.054 7	1					
Open	15.750 1	1.040 8	0.404 9***	0.297 8***	−0.391 6***	0.076	1				
Fisc	0.137 2	0.038 7	0.161 4*	0.424 2***	−0.386 3***	−0.052 9	0.057 6	1			
Priv	1.006 6	0.300 3	−0.138 5*	0.431 6***	−0.242 3***	0.067 7	0.179 7***	0.032 0	1		
Unemp	0.006 6	0.003 0	0.098 9	−0.003 2	−0.399***	0.063 0	0.352 4***	−0.178 8**	0.211 7**	1	
Wage	10.724 7	0.413 9	0.195**	0.642 5***	−0.360 3***	0.024 4	0.384 2***	0.560 5***	0.487 8***	0.272 6***	1

注：*、**、***分别对应10%、5%和1%显著性水平。

二、基准回归结果

在进行回归分析前，有必要对模型进行组内自相关、组间异方差和组间同期相关检验，表4－2列出了检验结果。其中，第（1）列未加入控制变量，仅控制了城市群固定效应和时间趋势项，第（2）列则是加入了控制变量后的模型。结果表明，未加入控制变量时模型不存在组内自相关问题，而不管是否加入控制变量，两个模型均存在组间异方差和组间同期相关问题。利用FGLS对两个模型存在的问题进行处理后得到如表 4－2 所示的回归结果。

表 4－2　　　组内自相关、组间异方差和组间同期相关检验

	（1）	（2）
组内自相关检验	F（1，11）=4.059*（P=0.069 0）	F（1，11）=47.775***（P=0.000 0）
原假设 H0	模型不存在组内自相关	模型不存在组内自相关
检验结果	接受原假设，模型不存在组内自相关	拒绝原假设，模型存在组内自相关
组间异方差检验	*chi*2（12）=888.07***（P=0.000 0）	*chi*2（12）=1105.11***（P=0.000 0）
原假设 H0	模型不存在组间异方差	模型不存在组间异方差
检验结果	拒绝原假设，模型存在组间异方差	拒绝原假设，模型存在组间异方差
组间同期相关检验	*Frees*=3.453（α=0.01:0.425 2）	*Frees*=1.527（α=0.01:0.425 2）
原假设 H0	模型不存在组间同期相关	模型不存在组间同期相关
检验结果	拒绝原假设，模型存在组间同期相关	拒绝原假设，模型存在组间同期相关

注：*、**、***分别对应 10%、5% 和 1% 显著性水平。

表 4－3 是城市群高铁发展水平对城市群收入差距影响的 FGLS 回归结果。从中可以看出，对高铁发展水平单独进行回归和加入控制变量后得到的回归系数均在 1% 显著性水平下显著为负，且数值大小变化不大。这表明，提高城市群的高铁发展水平有利于缓解城市群内部城市间的收入差距，这与本章的假设 1 相吻合。具体来说，第（2）列回归结果显示，高铁线路数量的回归系数为－0.001 8，意味着在其余条件保持不变时，城市群内高铁线路数量每增加一条，城市群收入差距将会降低 0.001 8。

表 4－3　　　FGLS 回归结果

变量	（1） *Gini*	（2） *Gini*
Hsr	－0.001 2***	－0.001 8***
	（0.000 2）	（0.000 1）
Edu		0.007 7**
		（0.003 8）
Cap		0.001 4***
		（0.000 1）
Open		－0.005 7***
		（0.000 2）

续表

变量	(1) *Gini*	(2) *Gini*
Fisc		-0.068 0**
		(0.028 3)
Priv		-0.017 4***
		(0.000 6)
Unemp		3.590 1***
		(0.099 2)
Wage		0.094 5***
		(0.005 1)
常数项	0.323 6***	-0.539 8***
	(0.002 9)	(0.050 7)
城市群固定效应	YES	YES
时间趋势项	YES	YES
N	144	144
组内自相关	NO	YES
组间异方差	YES	YES
截面相关	YES	YES
Wald Chi2	63 423.62***	376 233.37***

注：*、**、***分别对应10%、5%和1%显著性水平。括号内为标准误，下表同。

第五节　稳健性检验

尽管上述分析发现高铁发展水平有助于缩小城市群内部的收入差距，但为了保证该结果的可信，本章进行了如下稳健性检验，具体包括增加控制变量、替换核心变量、采用解释变量的滞后期和缩小样本等。

表 4-4 第（1）列是进一步加入了“城市群城镇化水平（*Urb*）”和“城市群经济增长率（*Grow*）”后的回归结果，其中，*Hsr* 的系数仍为负且在1%的显著性水平下显著，说明高铁发展水平的提升确实会缩小城市群收入差距。本章

还替换了解释变量，分别采用开通高铁城市的比例（*Hsr_pro*）和高铁站的数量（*Hsr_sta*）来衡量城市群的高铁发展水平。表 4-4 第（2）列和第（3）列分别用开通高铁城市比例和高铁站数量替换城市群高铁线路数量进行回归，替换后 *Hsr_pro* 和 *Hsr_sta* 的回归系数均在 1% 水平下显著为负，表明替换解释变量后的结果仍然十分稳健。鉴于高铁的发展可能存在时滞效应，不会立刻影响城市群的收入差距，本章对高铁线路数量进行滞后一期（*L1Hsr*）处理后重新进行回归。表 4-4 第（4）列中 *L1Hsr* 的系数为负并通过了 1% 的显著性检验，这意味着高铁发展水平的提高仍然会缩小城市群收入差距，再次验证了研究结论。

表 4-4　　稳健性检验 1

	（1） 增加控制变量	（2） 替换自变量	（3） 替换自变量	（4） 滞后一期
Hsr	-0.001 7***			
	（0.000 3）			
Urb	0.000 0			
	（0.000 0）			
Grow	-0.070 3***			
	（0.007 3）			
Hsr_pro		-0.020 1***		
		（0.001 7）		
Hsr_sta			-0.000 4***	
			（0.000 0）	
L1Hsr				-0.001 5***
				（0.000 3）
控制变量	YES	YES	YES	YES
常数项	-0.437 0***	-0.495 5***	-0.451 9***	-0.381 2***
	（0.095 6）	（0.036 3）	（0.072 9）	（0.097 9）
城市群固定效应	YES	YES	YES	YES
时间趋势项	YES	YES	YES	YES
N	144	144	144	132
序列自相关	YES	YES	YES	YES
组间异方差	YES	YES	YES	YES
截面相关	YES	YES	YES	YES
Wald Chi2	88 645.62***	81 750.04***	14 244.32***	14 531.98***

本章还更换了城市群收入差距的测度对结果进行稳健性检验，回归结果如表 4－5 所示。第（1）—（5）列分别表示采用标准差 S、不加权变异系数 CV_u、加权变异系数 CV_w、相对平均偏差 R_w 和直接计算的基尼系数 G 作为被解释变量 *Gini* 的替代指标进行回归的结果。结果显示，不管用哪一指标替代 *Gini*，回归结果中 *Hsr* 的系数均为负且均通过了 1% 的显著性检验，说明基准回归的结果是稳健的。

表 4－5　　稳健性检验 2

	（1） *S*	（2） *CVu*	（3） *CVw*	（4） *Rw*	（5） *G*
Hsr	－0.005 5***	－0.006 4***	－0.008 6***	－0.006 5***	－0.001 3***
	（0.000 3）	（0.000 5）	（0.000 6）	（0.000 2）	（0.000 2）
控制变量	YES	YES	YES	YES	YES
常数项	0.249 1***	0.707 5***	0.106 2*	0.348 7***	0.269 1***
	（0.095 6）	（0.106 1）	（0.062 5）	（0.099 3）	（0.045 7）
城市群固定效应	YES	YES	YES	YES	YES
时间趋势项	YES	YES	YES	YES	YES
N	144	144	144	144	144
序列自相关	YES	YES	NO	NO	YES
组间异方差	YES	YES	YES	YES	YES
截面相关	YES	YES	YES	YES	YES
Wald Chi2	11 686.932***	7 506.66***	26 802.41***	62 875.86***	6 123.47***

第六节　机制检验

前文的理论分析和假设指出，城市群高铁的发展水平可能会通过促进城市群空间结构的多中心化、经济集聚以及技术进步来缩小城市群收入差距。为了验证高铁发展水平对城市群收入差距的中介作用机制，本章采用 Baron 和 Kenny（1986）以及温忠麟等（2004）提出的中介效应检验步骤，通过逐步检验法对中介效应进行验证。

表 4－6 显示了人口多中心空间结构的中介效应结果。第（1）列中 *Hsr* 的回归系数在 1% 的显著性水平上显著为负，意味着城市群高铁的发展会缩小城市群内城市间的收入差距；第（2）列是人口形态多中心指数作为因变量的回归结果，其中，*Hsr* 的系数为负且在 1% 的水平显著，由于多中心指数的值越小，城市群越倾向于形态多中心性，因此该结果说明城市群高铁的发展会推动城市群人口形态多中心化；第（3）列中将城市群高铁发展水平（*Hsr*）和人口形态多中心指数（*Poly_pop*）同时进行回归，结果显示 *Poly_pop* 的系数为正且在 1% 的水平显著，表明城市群人口多中心空间结构有利于缩小城市群的收入差距，同时，*Hsr* 的系数仍在 1% 水平上显著为负，说明在高铁发展水平影响城市群收入差距的过程中，人口形态多中心空间结构确实起到了部分中介作用。

表 4－6 的第（4）列是人口赫芬达尔指数（*H_pop*）作为因变量的回归结果。结果显示，*Hsr* 的系数为负并通过了 1% 的显著性检验，由于赫芬达尔指数的值越小，意味着城市群内各城市的分布越均匀，城市群越倾向于多中心化，因此这一结果表明提高城市群的高铁发展水平会促进城市群人口层面的形态多中心化；第（5）列是将城市群高铁发展水平（*Hsr*）和人口赫芬达尔指数（*H_pop*）同时进行回归的结果，其中，*H_pop* 的系数在 1% 的水平上显著为正，表明城市群人口多中心空间结构有利于缩小城市群的收入差距，此时，*Hsr* 的系数仍为负并在 1% 的水平显著，说明在城市群高铁发展水平影响城市群收入差距的过程中，人口形态多中心空间结构确实起到了部分中介作用。

综合上述结果，不管是多中心指数还是赫芬达尔指数，城市群人口形态多中心空间结构都是城市群高铁发展影响城市群收入差距的作用机制之一。高铁的发展有助于促进城市群人口形态多中心空间结构的形成和演化，而人口形态多中心空间结构则有利于缩小城市群内各城市间的收入差距。

表 4－6　人口多中心空间结构中介效应检验

	（1） *Gini*	（2） *Poly_pop*	（3） *Gini*	（4） *H_pop*	（5） *Gini*
Hsr	$-0.001\,8^{***}$	$-0.002\,8^{***}$	$-0.001\,7^{***}$	$-0.000\,3^{***}$	$-0.000\,7^{***}$
	（0.000 1）	（0.000 1）	（0.000 2）	（0.000 0）	（0.000 2）

续表

	(1) *Gini*	(2) *Poly_pop*	(3) *Gini*	(4) *H_pop*	(5) *Gini*
Poly_pop			0.053 7***		
			(0.007 0)		
H_pop					3.155 0***
					(0.117 2)
控制变量	YES	YES	YES	YES	YES
常数项	-0.539 8***	0.070 6*	-0.480 5***	-0.025 2***	-0.339 2***
	(0.050 7)	(0.037 2)	(0.080 6)	(0.004 1)	(0.044 8)
城市群固定效应	YES	YES	YES	YES	YES
时间趋势项	YES	YES	YES	YES	YES
N	144	144	144	144	144
序列自相关	YES	YES	YES	YES	YES
组间异方差	YES	YES	YES	YES	YES
截面相关	YES	YES	YES	YES	YES
Wald Chi2	376 233.37***	404 281.56***	79 735.86***	112 296.20***	42 882.13***

考虑到城市群层面空间结构的复杂性，除了使用人口数据衡量形态多中心空间结构，本章还利用地区生产总值数据计算了基于经济的形态多中心空间结构，其中介效应检验结果如表 4-7 所示。表 4-7 中第（1）列 *Hsr* 的回归系数在 1% 的显著性水平上显著为负，意味着高铁的发展有助于缩小城市群收入差距；第（2）列是经济形态多中心指数作为因变量的回归结果，其中，*Hsr* 的系数为负且通过了 1% 的显著性检验，说明高铁发展会推动城市群经济形态多中心化；第（3）列将高发展（*Hsr*）和经济形态多中心指数（*Poly_eco*）同时进行回归，结果显示，*Poly_eco* 的系数为正且在 1% 的水平显著，表明城市群基于经济的多中心空间结构有助于缩小城市群收入差距，同时，*Hsr* 的系数仍在 1% 水平上显著为负，说明在高铁发展影响城市群收入差距的过程中，经济形态多中心空间结构起到了部分中介作用。

表 4-7 中第（4）列是经济赫芬达尔指数（*H_eco*）作为因变量的回归结果。

其中，*Hsr* 的系数为负并通过了1%的显著性检验，表明高铁的发展会促进城市群经济层面的形态多中心化；第（5）列将高铁发展（*Hsr*）和经济赫芬达尔指数（*H_eco*）同时进行回归，结果显示 *H_eco* 的系数在1%的水平上显著为正，表明城市群经济形态多中心空间结构会缩小城市群收入差距，同时，*Hsr* 的系数仍为负并在5%的水平显著，说明经济形态多中心空间结构在高铁发展影响城市群收入差距的过程中起到了部分中介作用。

结合以上分析，不管是使用多中心指数还是赫芬达尔指数衡量城市群经济形态多中心空间结构，其都是高铁发展影响城市群收入差距的作用机制之一。城市群高铁线路数量的增加有助于促进城市群经济形态多中心空间结构的形成和演化，而经济形态多中心空间结构则有利于缩小城市群内各城市间的收入差距。

表4-7　　经济多中心空间结构中介效应检验2

	(1) *Gini*	(2) *Poly_eco*	(3) *Gini*	(4) *H_eco*	(5) *Gini*
Hsr	-0.0018^{***}	-0.0045^{***}	-0.0013^{***}	-0.0012^{***}	-0.0007^{**}
	(0.000 1)	(0.000 9)	(0.000 3)	(0.000 1)	(0.000 3)
Poly_eco			0.1116^{***}		
			(0.005 5)		
H_eco					0.6189^{***}
					(0.034 4)
控制变量	YES	YES	YES	YES	YES
常数项	-0.5398^{***}	0.089 6	-0.2275^{***}	0.2606^{***}	-0.4516^{***}
	(0.050 7)	(0.238 3)	(0.088 3)	(0.025 1)	(0.078 4)
城市群固定效应	YES	YES	YES	YES	YES
时间趋势项	YES	YES	YES	YES	YES
N	144	144	144	144	144
序列自相关	YES	YES	YES	YES	YES
组间异方差	YES	YES	YES	YES	YES
截面相关	YES	YES	YES	YES	YES
Wald Chi2	376233.37^{***}	22215.80^{***}	14451.89^{***}	8131.31^{***}	17090.92^{***}

上述结果说明，不管是从人口还是经济的角度衡量城市群形态多中心空间结构，不管是使用多中心指数还是赫芬达尔指数对多中心空间结构进行测度，均表明多中心空间结构确实是高铁发展影响城市群收入差距的作用机制之一，假设 2 得到验证。

除了多中心空间结构，城市群高铁发展水平还可能通过经济集聚来缩小收入差距，如前文所述，本章从就业密度和产业集聚两方面来衡量经济集聚，其中介检验结果见表 4－8。表 4－8 中第（1）列 *Hsr* 的系数在 1% 的水平上显著为负，说明高铁的发展有利于城市群收入差距的缩小；第（2）列是就业密度（*Dens_emp*）作为因变量的回归结果，结果显示，*Hsr* 的系数为正且通过了 1% 的显著性检验，说明城市群高铁的发展会使得城市群的就业密度上升；第（3）列是把高铁发展水平（*Hsr*）和就业密度（*Dens_emp*）同时进行回归的结果，*Dens_emp* 的系数为负并在 1% 的水平显著，说明就业密度的增加会缩小城市群内各城市间的收入差距，同时，*Hsr* 的系数仍在 1% 的水平上显著为负，这一结果表明就业密度在高铁发展影响城市群收入差距的过程中起到了部分中介作用。

表 4－8 的第（4）列是产业集聚（*Dens_ind*）作为因变量的回归结果，其中，*Hsr* 的系数为正并通过了 1% 的显著性检验，意味着高铁发展水平的提升会使得城市群的产业集聚程度变大；第（3）列把高铁发展水平（*Hsr*）和产业集聚（*Dens_ind*）同时进行回归，结果显示，*Dens_ind* 的系数在 1% 的水平上显著为负，说明随着城市群产业集聚程度的提高，城市群的收入差距会缩小，此时 *Hsr* 的系数仍在 1% 的水平上显著为负，表明产业集聚在高铁发展水平影响城市群收入差距的过程中起到了部分中介作用。

结合上述结果，假设 3 得到验证。无论是以就业密度还是产业集聚作为经济集聚的测度，结果均显示经济集聚程度是城市群高铁发展水平影响城市群内部城市收入差距的作用机制之一。随着高铁发展水平的提升，城市群的经济集聚程度得以不断提升，从而对城市群收入差距的缩小产生了促进作用。

表 4-8　　　　　　　　经济集聚中介效应检验

	(1) *Gini*	(2) *Dens_emp*	(3) *Gini*	(4) *Dens_ind*	(5) *Gini*
Hsr	-0.001 8***	0.013 0***	-0.001 7***	0.066 4***	-0.001 8***
	(0.000 1)	(0.000 8)	(0.000 1)	(0.007 1)	(0.000 1)
Dens_emp			-0.012 4***		
			(0.001 5)		
Dens_ind					-0.001 0***
					(0.000 1)
控制变量	YES	YES	YES	YES	YES
常数项	-0.539 8***	1.347 0***	-0.423 6***	9.871 6***	-0.439 2***
	(0.050 7)	(0.155 2)	(0.053 4)	(2.086 2)	(0.043 5)
城市群固定效应	YES	YES	YES	YES	YES
时间趋势项	YES	YES	YES	YES	YES
N	144	144	144	144	144
序列自相关	YES	YES	YES	YES	YES
组间异方差	YES	YES	YES	YES	YES
截面相关	YES	YES	YES	YES	YES
Wald Chi2	376 233.37***	3 621.81***	290 670.07***	1 029.13***	752 023.11***

高铁发展水平还可能通过技术进步对城市群收入差距产生影响，其中介效应检验结果如表 4-9 所示。其中，第（1）列 *Hsr* 的系数为负且通过了 1% 的显著性检验，说明随着城市群高铁发展水平的提升，城市群的收入差距会下降；第（2）列是财政科学支出（*Tech*）作为因变量的回归结果，结果表明 *Hsr* 的系数在 1% 的水平上显著为正，意味着高铁发展水平的提高有利于城市群的财政科学支出；第（3）列是把高铁发展水平（*Hsr*）和财政科学支出（*Tech*）同时进行回归的结果，其中，*Tech* 的回归系数在 1% 的水平上显著为负，说明随着城市群财政科学支出的上升，城市群的收入差距会得以缩小，同时，*Hsr* 的系数仍在 1% 的水平上显著为负，说明在高铁发展水平影响城市群收入差距的过程中，财政科学支出确实起到了部分中介作用。

表 4-9 的第（4）列是专利授权数（*Pat*）作为因变量的回归结果，其中，

Hsr 的系数为正并通过了1%的显著性检验，意味着高铁发展水平的提高会使得城市群的专利授权数增多；第（3）列把高铁发展水平（*Hsr*）和专利授权数（*Pat*）同时进行回归，结果显示，*Pat* 的系数在1%的水平上显著为负，说明随着城市群专利授权数的增加，城市群的收入差距会缩小，此时 *Hsr* 的系数仍在1%的水平上显著为负，表明专利授权数在高铁发展水平影响城市群收入差距的过程中起到了部分中介作用。

结合上述分析，不管是从创新投入还是创新产出的角度衡量城市群的技术进步，其均是高铁发展影响城市群收入差距的作用机制之一，假设4得到验证，即随着城市群高铁发展水平的提升，城市群的技术会不断进步，而这种进步会使得城市群的收入差距得以缩小。

表4-9　　技术进步中介效应检验

	（1） *Gini*	（2） *Tech*	（3） *Gini*	（4） *Pat*	（5） *Gini*
Hsr	-0.001 8***	0.093 4***	-0.001 5***	0.010 2***	-0.001 7***
	（0.000 1）	（0.002 9）	（0.000 1）	（0.002 0）	（0.000 1）
Tech			-0.002 1***		
			（0.000 1）		
Pat					-0.019 8***
					（0.001 3）
控制变量	YES	YES	YES	YES	YES
常数项	-0.539 8***	13.337 5***	-0.446 3***	-4.427 1***	-0.542 8***
	（0.050 7）	（0.460 1）	（0.034 3）	（0.720 3）	（0.020 4）
城市群固定效应	YES	YES	YES	YES	YES
时间趋势项	YES	YES	YES	YES	YES
N	144	144	144	144	144
序列自相关	YES	YES	YES	YES	YES
组间异方差	YES	YES	YES	YES	YES
截面相关	YES	YES	YES	YES	YES
Wald Chi2	376 233.37***	203 386.82***	1 540 229***	85 522.83***	1 027 060***

上述分析结果表明，多中心空间结构、经济集聚和技术进步在城市群高铁

线路数量影响城市群收入差距的过程中确实起到了中介作用。即存在“高铁发展水平→多中心空间结构→城市群收入差距”、“高铁发展水平→经济集聚→城市群收入差距”以及“高铁发展水平→技术进步→城市群收入差距”三条作用路径。

第七节　异质性检验

前文分析指出，高铁发展水平对城市群收入差距的作用会受到城市群内产业结构的调整、城市群规模与城市群地理位置的影响，本节将分别对此进行验证。具体来说，将会从产业结构高级化和合理化两方面衡量产业结构调整；从人口规模和经济规模两方面衡量城市群规模；根据城市群地处南北与是否沿海两方面对城市群的地理位置进行划分。本章计算了城市群的产业结构高级化（*Indus_ts*）和产业结构合理化（*Indus_tl*），通过引入高铁线路数量与二者的交乘项来验证高铁发展水平对城市群收入差距的影响是否会受到城市群产业结构调整的制约，相关回归结果如表 4-10 所示，从中可以看出，高铁线路数量与产业结构高级化的交乘项（*Hsr×Indus_ts*）的系数为负且在 1% 的水平下显著；高铁线路数量与产业结构合理化的交乘项（*Hsr×Indus_tl*）系数为正且在 1% 的水平下显著，需要注意的是，*Indus_tl* 的值越大，说明产业结构越不合理。这一结果说明，高铁发展水平对城市群收入差距的影响，确实会受到城市群产业结构调整的影响。具体来说，当城市群的产业结构更为优化、更为合理时，提高城市群高铁发展水平有利于缩小城市群的收入差距。

表 4-10　　产业结构调整的影响

	(1) *Gini*	(2) *Gini*	(3) *Gini*
Hsr	-0.001 8***	0.000 8**	-0.000 9***
	(0.000 1)	(0.000 4)	(0.000 0)
Hsr×Indus_ts		-0.000 7***	
		(0.000 1)	

续表

	(1) *Gini*	(2) *Gini*	(3) *Gini*
Hsr×Indus_tl			−0.000 0***
			(0.000 0)
控制变量	YES	YES	YES
常数项	−0.539 8***	−0.469 8***	−0.434 7***
	(0.050 7)	(0.083 4)	(0.019 8)
城市群固定效应	YES	YES	YES
时间趋势项	YES	YES	YES
N	144	144	144
序列自相关	YES	YES	YES
组间异方差	YES	YES	YES
截面相关	YES	YES	YES
Wald Chi2	376 233.37***	43 397.26***	4 390 072***

高铁发展水平与城市群收入差距的关系还可能会受到城市群规模的影响，因此本章还计算了城市群的人口规模（*Size_pop*）和经济规模（*Size_eco*），通过引入高铁发展水平与二者的交乘项来验证城市群规模是否会影响高铁发展水平与城市群收入差距的关系，回归结果见表 4−11。可以看到，无论是高铁发展水平与人口规模的交乘项（*Hsr×Size_pop*）还是与经济规模的交乘项（*Hsr×Size_eco*），其系数均在 1% 的水平下显著为负。意味着高铁发展水平对城市群收入差距的影响，确实会受到城市群规模的影响。当城市群规模越大时，高铁发展水平的提高越有利于缩小城市群的收入差距。古典经济学理论认为，规模越大，市场范围就越大，分工也就越精细。高铁扩大了交通运输系统的容量，在规模较大的城市群中，这有利于进一步提高市场分工的精度，从而为资源的有效配置奠定物质基础，从而有利于缩小城市群内各城市间的收入差距。

表 4−11　　城市规模的影响

	(29) *Gini*	(30) *Gini*	(31) *Gini*
Hsr	−0.001 8***	0.002 3***	0.003 1***
	(0.000 1)	(0.000 5)	(0.000 1)

续表

	(29) *Gini*	(30) *Gini*	(31) *Gini*
Hsr×Size_pop		−0.000 1***	
		(0.000 0)	
Hsr×Size_eco			−0.000 1***
			(0.000 0)
控制变量	YES	YES	YES
常数项	−0.539 8***	0.225 8***	0.523 5***
	(0.050 7)	(0.061 8)	(0.036 4)
城市群固定效应	YES	YES	YES
时间趋势项	YES	YES	YES
N	144	144	144
序列自相关	YES	YES	YES
组间异方差	YES	YES	YES
截面相关	YES	YES	YES
Wald Chi2	376 233.37***	14 778.31***	15 958.48***

本章参考李彦等（2020）的研究，以秦岭—淮河线为分界线将样本数据划分为南方城市群和北方城市群。南方城市群包括长三角、长江中游、海峡西岸、粤港澳、成渝以及北部湾共计 6 个城市群；北方城市群则包括京津冀、哈长、山东半岛、中原、关中平原和辽中南共计 6 个城市群。本章首先对南北城市群样本分别进行回归以判断二者之间是否存在显著差异，回归结果如表 4－12 所示。其中第（1）列为南方城市群的回归结果，第（2）列为北方城市群的回归结果，两组样本中 *Hsr* 的系数均为负，南方城市群样本的系数通过了 5% 显著性检验，北方城市群样本的系数通过了 1% 显著性检验。在系数均显著的情况下，对显著性水平和系数的大小进行比较并无意义。为了进一步判断两组样本中 *Hsr* 的系数是否存在显著差异，本章引入南北城市群虚拟变量 *South*（南方城市群取 1，否则取 0），将该虚拟变量与高铁线路数量相乘构造交乘项（*Hsr×South*）放入模型进行回归。表 4－12 第（3）列为引入虚拟变量和交乘项的回归结果，可以看到，交乘项 *Hsr×South* 的系数为负且通过了 1% 的显著性检验，说明 *Hsr* 的

系数在两组样本间存在显著差异。具体来说，南方城市群中高铁发展水平对城市群收入差距的缩小作用比北方城市群中要大。这是因为南方城市群的经济发展水平普遍比北方城市要高，因此南方城市群的收入差距比北方城市要大，此时南方城市群中高铁发展水平的提高对收入差距缩小的边际作用相较北方城市群而言会更大。假设 5 得到验证。

表 4-12　　南北城市群异质性检验

	（1） *Gini*	（2） *Gini*	（3） *Gini*
Hsr	$-0.001\,2^{**}$	$-0.003\,8^{***}$	$0.000\,8^{***}$
	（0.000 5）	（0.000 8）	（0.000 3）
South			$-0.378\,7^{***}$
			（0.092 8）
Hsr×South			$-0.000\,7^{***}$
			（0.000 1）
控制变量	YES	YES	YES
常数项	$-0.377\,6^{*}$	$1.307\,4^{***}$	0.000 0
	（0.208 7）	（0.211 7）	（0.000 0）
城市群固定效应	YES	YES	YES
时间趋势项	YES	YES	YES
N	72	72	144
序列自相关	YES	YES	YES
组间异方差	YES	YES	YES
截面相关	YES	YES	YES
Wald Chi2	$3\,037.27^{***}$	$1\,483.20^{***}$	$43\,292.33^{***}$

除了依据南北进行划分，本章还根据城市群是否沿海将样本分为沿海城市群和内陆城市群。沿海城市群包括长三角、北部湾、粤港澳、山东半岛、海峡西岸和京津冀共计 6 个城市群；内陆城市群包括长江中游、成渝、哈长、中原、关中平原和辽中南 6 个城市群。首先对两组样本分别进行回归，结果

见表 4－13。其中，第（1）列和第（2）列分别为沿海城市群和内陆城市群两组样本的回归结果，可以发现，*Hsr* 的系数仅在沿海城市群样本中通过了显著性检验，在 1% 的水平下显著为负；内陆城市群样本的回归结果中 *Hsr* 的系数为正但不显著。表 4－13 第（3）列为引入沿海城市群虚拟变量 *Coast*（沿海城市群取 1，否则取 0）并构造交乘项（*Hsr*×*Coast*）放入模型进行回归的结果，可以看到，交乘项 *Hsr*×*South* 的系数为负且通过了 1% 的显著性检验，说明 *Hsr* 的系数在两组样本中存在显著差异，即在沿海城市群中，高铁发展水平的提高会显著缩小城市群的收入差距；而该作用在内陆城市群中则不显著。假设 6 得到验证。

表 4－13　　　　沿海城市群异质性检验

	（1） *Gini*	（2） *Gini*	（3） *Gini*
Hsr	－0.003 6***	－0.000 4	－0.001 3***
	（0.001 4）	（0.000 5）	（0.000 2）
Coast			－0.015 6**
			（0.007 6）
Hsr×*Coast*			－0.000 9***
			（0.000 1）
控制变量	YES	YES	YES
常数项	－0.330 4	0.803 6***	－0.348 2***
	（0.267 1）	（0.242 9）	（0.082 7）
城市群固定效应	YES	YES	YES
时间趋势项	YES	YES	YES
N	72	72	144
序列自相关	YES	YES	YES
组间异方差	YES	YES	YES
截面相关	YES	YES	YES
Wald Chi2	2 921.85***	1 370.52***	135 048.60***

第八节 结　论

本章以 2007—2018 年中国的 12 个主要城市群为研究对象，利用可行广义最小二乘法检验城市群高铁发展水平对城市群收入差距的影响及其作用机制，并进一步分析了该影响的异质性特征。主要结论如下：① 城市群高铁发展水平的提高能有效缩小城市群内城市间的收入差距。具体来说，城市群内每增加一条高铁线路，衡量城市群内城市间收入差距的基尼系数将降低 0.001 8，在采用地理工具变量解决高铁发展水平的内生性问题后，高铁发展水平对城市群收入差距的缩小效应依然显著。此外，在替换核心变量、增加控制变量、采用解释变量滞后期后，得到的结论均保持一致，说明该结果稳健。② 城市群多中心空间结构、经济集聚和技术进步是高铁发展水平影响城市群收入差距的重要机制。城市群高铁发展水平通过促进城市群空间结构的多中心化、经济集聚和技术进步来缩小城市群内城市之间的收入差距。③ 城市群规模对高铁发展水平与城市群收入差距之间的关系存在显著的正向调节效应。具体表现为城市群第三产业占比越高、产业间协调程度以及要素投入与产出的耦合度越好、城市群的规模（人口和经济）越大，高铁发展水平对城市群收入差距的缩小效应越强。④ 高铁发展水平对城市群收入差距的影响具有显著的异质性特征。对南北城市群而言，高铁发展水平对南方城市群收入差距的缩小效应更强；同时，高铁发展水平对沿海城市群收入差距具有显著的缩小效应，对内陆城市群收入差距的缩小效应则不显著。

第九节 对“一带一路”沿线国家的启示

第一，“一带一路”沿线国家可继续完善以城市群为重点的高铁网络布局，构建打破传统行政区划的高铁网络，形成跨地区的交通运输网络，充分发挥高铁对城市群收入差距的缩小效应。“一带一路”沿线国家大多是亟待发展的新兴经济体，长期以来，受到交通基础设施不够完善的制约，沿线各国的经济并未得到充分发展。高铁发展水平的提高不仅有助于各国完善基础设施，还有助于“一带一路”沿线国家缩小城市群内城市之间的收入差距，促进区域的协调发展。通过加大城市群内高铁建设的密度，合理规划城市群内的高铁线路和站点设计，“一带一路”沿线国家可以充分发挥高铁的“时空压缩效应”，有效缩短地区之间的时间距离和空间距离，强化城市群内中小城市与大城市的联系，有助于城市群内较为发达的城市带动欠发达城市的发展。高铁发展水平的提高促进了城市群内劳动力和资本等有形要素以及技术和信息等无形要素的流动，优化了城市群内的资源配置，这对缩小“一带一路”沿线国家城市群内城市间收入差距，促进区域平衡发展有着重要的影响。

第二，为缩小城市群收入差距，促进区域协调发展，“一带一路”沿线国家要充分发挥多中心空间结构、经济集聚与技术进步对城市群收入差距的缩小效应。第一，城市群内的多中心空间结构有利于缩小城市间收入差距，这是建立在城市群内城市间要素充分流动的基础之上的。而高铁的建设发展通过“时空压缩效应”加强了城市群内城市间的联系，减少了要素流动的迁移成本和运输成本，这在很大程度上使得各类生产要素能自由且高效地在城市群内流动。生产要素的自由流动有助于城市群内的中心大城市和外围的中小城市充分利用自身资源禀赋和比较优势，推动城市间的优势互补，产生协同效应，从而提升城市群的整体功能，充分发挥多中心空间结构对城市群收入差距的缩小作用。第二，高铁发展水平的提高有助于促进城市群内较为发达城市将自身不具备优势或是劳动密集型的产业逐渐转移至周边的中小城市，实现产业结构的升级。对于“一带一路”沿线国家来说，处于城市群外围的中小城市要善于利用本地的比较优势与城市群的内部需求进行有效对接，要积极营造公平透明的营商环境，完善教育、医疗等公共服务设施以更好地吸引和承接来自城市群内中心大城市的投资和产业转移，进一步巩固并最大化经济集聚效应。只有这样，城市群内各个城市才能最大程度地利用高铁建设发展带来的产业转移的机遇，发挥自身资源禀赋优势，有选择地促进自身产业专业化集聚水平，创造更多就业机会，吸引更多相应的要素集聚，缩小“一带一路”沿线国家城市群内城市之间的收入差距，促进整个区域的协调发展。最后，高铁的建设发展有利于“一带一路”沿线国家高素质人才的流动以及企业之间的交流合作，促进信息、知识和技术的外溢。“一带一路”沿线国家城市群内各个城市要继续完善自身创新环境。要继续加强知识产权等法律体系和管理制度的建设，为创新提供良好的制度环境，创建能让创新要素充分发挥的平台和环境。此外，城市群内的城市应该根据当地的实际情况制定差异化的技术研发与相关政策措施，充分利用高铁的外部效应，提升自身技术创新水平，促进自身经济发展，缩小与城市群内发达城市的差距。总的来说，鉴于高铁发展水平的提高能够促进城市群多中心空间结构的形成，推动城市群的经济集聚和技术进步，从而有助于缩小城市群内城市间的收入差距，“一带一路”沿线国家要合理规划高铁的建设发展，更好地发挥城市群多中心空间结构、经济集聚与技术进步对收入差距的缩小作用。

第三，对“一带一路”沿线国家中不同规模以及不同发展水平的城市群来说，要想充分发挥高铁对城市群收入差距的缩小作用，其发展的侧重点并不相同。“一带一路”沿线国家中规模较大以及经济较为发达的城市群需要格外关注城市群内城市间的协调发展问题，避免由于过度集聚导致的拥挤效应和负外部性。要充分利用高铁发展带来的机会，推动城市群内中心大城市劳动密集型产业以及自身不具备优势的产业向高铁沿线的中小城市转移以优化自身产业结构，继续引领城市群的发展，同时带动城市群内外围中小城市的经济发展，充分发挥高铁对城市群收入差距的缩小效应。对“一带一路”沿线国家中规模较小以及经济欠发达的城市群来说，其发展重点在于壮大自身实力以及继续完善城市群内的公共设施和服务以优化投资环境，吸引更多高铁投资。同时，也只有不断提高自身实力，规模较小以及欠发达的城市群才能提高自身承接产业转移的能力，从而有效分享中心大城市的集聚经济，推动自身经济发展，缩小城市群收入差距，促进城市群内城市的平衡发展。

第四，“一带一路”沿线国家可积极完善城市群内高铁与其他交通基础设施配套的交通网络。鉴于高铁和民航、普通铁路以及公路之间具有一定程度的替代关系且高铁的出行成本较为昂贵，因此“一带一路”沿线国家在大力建设以城市群为重点的高铁网络的同时也要考虑到城市群内城市间的人口流动数量、客运量等客观情况。要结合城市群内各地的实际需求合理规划高铁线路站点，同时要推进普通铁路和公路等网络的建设发展，强化高铁和其他交通工具的衔接和配套发展，完善多层次的综合交通网络，构建以高铁为主，多种交通方式相互补充和配合的交通架构体系，充分发挥多层次交通节约经济成本、提升经济效率的作用。通过更加完善的多层次的综合交通网络帮助“一带一路”沿线国家尚不具备开通高铁条件的城市或地区更好地融入高铁网络，更好地发挥交通基础设施在促进要素流动、集聚和扩散方面的作用，全面提升城市群共建共享和互联互通水平，更好地通过要素互补实现整体集群优势。只有这样才能最大程度地发挥高铁对城市群收入差距的缩小效应，从而有利于缩小地区收入差距，推进区域协调发展。

第五章　交通基础设施对城市创业活跃度的影响
——基于高铁开通的自然实验

第一节　引　　言

交通基础设施在很大程度上促进了人员流动、信息交换和资源共享。以客运为主的高速铁路作为交通基础设施的重要组成部分，体现出了减少出行时间和成本、提高可靠性和运力利用率、增加沿线区域可达性的巨大优势，被认为是中国经济增长新的驱动力（Chen 等，2016；林晓言，2018）。自 2008 年以来，中国的高速铁路网络急速扩张，截至 2019 年年底，中国高铁运营里程突破 3.5 万公里，约占全世界高铁网的 7 成。2020 年发布的《新时代交通强国铁路先行规划纲要》中指出，2035 年全国高铁里程计划达到 7 万公里左右，50 万人口以上的城市实现高铁通达。已有研究认为高铁能够对沿线地区的经济发展、劳动力流动、产业结构调整等宏观层面因素产生显著的积极影响（Chen 等，2016；林晓言，2018）。尽管有大量文献聚焦于交通基础设施的经济成果，但关于交通基础设施对创业活动影响的研究相对较少（Ma 等，2021），高铁开通是否能促进沿线城市创业活跃度的提升仍是一个尚待解答的问题。

创业活动是经济增长的内生动力，是加快动能转换、塑造发展新引擎的重要抓手，也是经济高质量发展的有力支撑，对经济结构升级、扩大就业、改善民生、实现机会公平和社会纵向流动起着至关重要的作用（赵涛等，2020）。2018

年国务院《关于推动创新创业高质量发展打造“双创”升级版的意见》中指出，要通过打造“双创”升级版，进一步优化创新创业环境，大幅降低创新创业成本。已有关于创业的研究更多从个人和家庭的角度出发，关注物质资本、人力资本、社会资本等对创业意愿的影响（Audretsch 等，2015；Ma 等，2021），但未能从宏观层面充分解答如何降低创业成本、改善创业环境，从而提高地区创业活跃度的问题。事实上，以高铁为代表的交通基础设施的建设极大地压缩了时空距离，降低了出行成本（林晓言，2018），改善了由于距离、时间等限制因素带来的市场分割，加速了生产要素及消费群体的快速流动（孙娜等，2020），但其对沿线城市创业活跃度的影响和机制尚未得到充分研究。因此，本章通过双重差分法，将高铁开通视为一项自然实验，探索其对沿线城市创业活跃度的影响，并进一步探索该影响的作用机制和地区差异。

第二节 文献综述

高速铁路作为现代交通基础设施的重要组成部分，通过提高可达性（Monzon 等，2019；林晓言，2018）、降低交通成本（Lin，2017），对沿线地区产生了深远的影响（Givoni，2007；Vickerman，2015）。现有关于高铁影响的研究大致可分为两类：一类研究主要关注高铁网络扩张对宏观层面的影响，认为高铁能够作用于经济发展（张俊，2017）、贸易（Duranton 等，2014）、就业（董艳梅和朱英明，2016）、劳动力流动（杨金玉和罗勇根，2019）、资本市场（龙玉等，2017）、产业结构（刘勇政和李岩，2017）、区域发展差距（卞元超等，2018）等各个方面。例如，（Chen 等，2016）认为高铁主要通过刺激需求和扩大产出对经济增长产生积极作用。Chen 和 Vickerman（2017）通过对英国和中国的案例分析，发现高铁促进了大多数沿线城市的经济发展，具有明显的积极作用。另一类研究将个人或企业作为分析单位，关注高铁对微观层面的影响（Ma 等，2021），认为高铁能够促进企业高级人才流动（杜兴强和彭妙薇，2017），促进了面对面交流和互动的频率，增强了复杂想法的沟通和信任的建立（Storper 和

Venables，2004）。最近部分研究也开始关注高铁等基础设施建设对于创业意愿的影响，认为高铁通过加速信息共享和面对面互动增加了个人和家庭创业的可能性（Ma 等，2021）。但整体而言，高铁对于城市层面创业活跃度的影响及其机制仍未得到充分研究。

创业活动作为经济增长的重要动力，也是提高社会活力和促进高质量发展的重要因素（Noseleit，2013；冯伟和李嘉佳，2019）。创业活跃度作为衡量某区域创业活动积极程度的重要指标，一直是创业研究关注的焦点（Cullen 等，2014；杜运周等，2020；叶文平等，2018）。大量基于创业者和创业家庭的分析主要聚焦于个体行动者的能力与资源差异对创业选择的影响（吴一平和王健，2015），认为除年龄等人口属性外，物质资本、人力资本、社会资本和知识资本都是创业的决定性因素（Liang 等，2018；Ma 等，2021）。同时，宏观层面的创业相关研究主要是探索文化、制度等因素对创业活跃度的影响（Manolova 等，2008；赵向阳等，2012）。近年来，一些基于中国情境的研究发现政府管制（陈刚，2015；胡永刚和石崇，2016）、外商直接投资（张开迪等，2018）、多样化集聚（张萃，2018）等因素均对中国的地区创业程度产生影响，但一定程度上忽视了基础设施对于创业活动的影响（Audretsch 等，2015）。交通基础设施对于维持业务关系、信息交换和建立新的商机至关重要（Ma 等，2021）。因此，高铁对中国城市创业活跃度的影响及其机制是一个重要但尚未充分探索的问题。

综上所述，本章基于已有研究对以下几个方面进行了拓展。首先，虽然已有研究对高铁的经济效益进行了许多分析，但高铁对城市层面创业活跃度的影响仍未得到充分关注。本章将高铁开通作为一项自然实验，探索高铁开通能否提升沿线城市的创业活跃度，从而也对创业相关研究进行了一定拓展和补充。其次，本章采用双重差分法，将各城市实际开通高铁的年份作为政策实施的时间，能够有效剔除时间效应带来的影响，而且避免了普通最小二乘法或将某一年作为政策时间节点可能产生的误差，并进一步通过平行趋势检验、动态检验和安慰剂检验验证了该研究方法的可行性和结果的稳健性。最后，本章进一步探讨了高铁促进城市创业活跃度的作用机制，通过中介效应模型分析了就业集聚和技术进步的中介作用，此外还进一步探索了由于区位因素和城市群归属带来的地区差异，为进一步分析和理解高铁对创业活动的影响做出了一定的贡献。

第三节　理论分析与研究假设

一、高铁开通与城市创业活跃度

时间和空间是社会经济活动存在的基本形式，社会经济活动的活跃度在很大程度上取决于其社会成员对时间和空间的利用程度，也取决于其经济时空结构的构建水平（荣朝和，2011）。高铁作为交通运输史上的重大技术变革，相比于已有的公路和普通铁路，极大地压缩了时空距离，降低了出行成本，提升了沿线地区的可达性（林晓言，2018）。作为以客运为主的交通基础设施，高铁开通使得线路上点对点间的到达时间大幅缩短，改善了由于距离、交通条件等因素带来的客观上的市场分割，加速了技术、资本、劳动力等生产要素及消费群体、消费资料等在高铁沿线地区快速流动，使得跨区域间资金流、物流、信息流的流动和交换更加迅速和便捷（孙娜等，2020）。要素的迅速流动降低了要素错配的可能性，使要素市场的有效性进一步增强，从而改善了沿线城市的市场环境，使得交易成本降低和进入壁垒减小，刺激了创业机会的产生和新创企业的建立（Audretsch 等，2015；叶文平等，2018）。此外，高铁开通有助于潜在创业者更好地与客户、投资者等利益相关者进行交流和匹配（龙玉等，2017），更好地了解相关行业（Ma 等，2021），从而提高了参与创业活动的可能性。因此，高铁开通降低了沟通成本和交易成本，使高铁沿线城市更具备识别和利用创业机会的区位优势，有利于城市创业活跃度的提高。综上所述，本章提出：

假设 1：高铁开通能够提升沿线城市创业活跃度。

二、高铁开通、就业集聚与城市创业活跃度

高铁的开通降低了沿线城市跨区域交流的成本，通过要素的流动和重新配置，有效促进资源的空间配置，有利于吸引人口和企业进入城市，从而改变了高铁沿线城市的劳动力集聚程度（王媛，2020）。从企业的角度看，高铁极大地促进了劳动力的流动，增强了沿线城市劳动力需求和供给的匹配程度，使企业更容易获得合适的劳动力（Heuermann 和 Schmieder，2019），同时高铁的连通也使企业能够以更低的成本搜寻到供应商（Bernard 等，2019），因而更多企业愿意设址在高铁城市（王媛，2020），为高铁沿线城市提供了更多的就业机会。从劳动者个人的角度看，高铁沿线城市有更多的工作机会和发展潜力，增强了劳动者在这些城市的工作意愿（李金锴和钟昌标，2020），在高铁沿线城市的劳动者更能够通过知识分享、公共品共享、就业匹配等机制享受大城市的集聚经济效应（Heuermann 和 Schmieder，2019；王媛，2020），因此在高铁沿线城市有更高的就业集聚程度。

城市就业集聚程度的提高从两个方面促进了城市创业活跃度的提升。一方面，就业集聚为创业活动提供了必要的劳动力。劳动力是每个新企业最重要的投入要素，创业的成功在很大程度上取决于合适劳动力的可获得性（Combes 和 Duranton，2006；张萃，2018），人力资源集聚可以提升城市创业生态系统的承载力，从而优化创业机会的分布，促进创业活动（叶文平等，2018）。另一方面，劳动力集聚程度的提高增加了劳动者之间知识共享、沟通、学习的机会，有利于信息碰撞和知识创造（Storper 和 Venables，2004），有利于创业机会的产生。集聚带来的人与人之间联系和互动频率的增强促进了技术和市场信息的交换，帮助建立业务联系，并构思新的企业，从而促进了新创企业的产生（Audretsch 等，2015）。同时，高铁网络的建设和完善能给拥有不同专业知识的劳动力向这些城市集聚带来更大便利，使得这些城市不仅拥有更大的劳动力市场，也能形成更丰富的劳动力分工，提高创业机会涌现的可能性。综上所述，本章提出：

假设 2：高铁开通通过提升就业集聚程度而影响沿线城市创业活跃度。

三、高铁开通、技术进步与城市创业活跃度

创新要素投入是激励和保障创新活动、促进技术进步的关键环节。然而由于地域限制，创新人才、知识、技术等创新资源的初始分布往往不均衡（Huang 和 Wang，2020），地理和交通等因素造成的市场分割也一定程度上抑制了创新活动（吕越等，2021）。高铁的开通使跨区域的交通时间减少，降低了沟通、交易和人才等创新要素流动的成本，有利于其流动速度加快、规模扩大。同时，高铁开通也使得创新要素的跨区域分布更加合理，为其他技术进步提供了所需的创新要素储备（Knaap 和 Oosterhaven，2011）。此外，创新要素在区域之间的流动不仅能够促进新知识的创造，还有利于加快知识在不同群体之间的传播（Almeida 和 Kogut，1999）。例如，高铁的开通既方便中心城市的研发人员向周围城市频繁流动，便于增加其知识服务的空间范围，也增加了中小城市的研发人员频繁地到大城市学习和交流的机会，实现劳动力的共享、学习和匹配效应（徐强，2020）。高铁带来的时空压缩效应也降低了远距离知识溢出的成本，扩大了知识溢出的地理边界（Jaffe 等，1993），使知识、技术、人才的交流更为频繁，从而促进了高铁沿线城市的技术进步。

技术进步为企业发展提供了创新的环境，创新环境则有助于新企业整合资源、培育核心竞争力，催生创新创业活动。在创新环境中，新企业不仅可以在既有市场中竞争，还能开拓新市场、探索新机会（Du 等，2016；杜运周等，2020）。当技术进步速度更快时，潜在创业者有更多机会开发新产品、发现新市场或建立新的商业模式。因此，高铁带来的技术进步也为创业者提供了创新的环境，增加创业机会和催生新创企业，从而提升城市创业活跃度。综上所述，本章提出：

假设 3：高铁开通通过促进技术进步影响沿线城市创业活跃度。

第四节　研究设计

一、数据与样本

本章对高铁的定义来自中国国家铁路局《高速铁路设计规范》，高铁线路数据来自中国研究数据服务平台（CNRDS），城市层面数据来自观测期各年度《中国城市统计年鉴》、EPS 数据平台和北京大学企业大数据研究中心编制的创新创业指数，在剔除部分数据存在缺失的观测值后，共获得 2003—2019 年 290 个城市共 4 364 个观测值。

二、研究方法

本章采用双重差分法分析高铁开通对沿线城市创业活跃度的影响。双重差分法在评估政策实施效果的研究中得到广泛应用，由于不同城市高铁的开通年份并不统一，用特定年份作为高铁“政策实施”年份会产生一定偏误，因此本章将各城市实际开通高铁的年份作为政策实施的年份，这样更能准确地评估政策实施后带来的净效果。经过 Hausman 检验，结果显示本章应采用固定效应模型，采用的研究模型如下：

$$Entrep_{i,t} = \alpha_0 + \alpha_1 HSR \times Post + \alpha_2 C_{i:t} + Year_t + City_i + \varepsilon_{it} \qquad (5-1)$$

其中，$Entrep_{i,t}$ 为城市就业活跃度；$HSR \times Post$ 为该城市在观测期内是否开通高铁和该年是否已开通高铁的交乘项，该项为 1 表示该城市当年已有高铁开通，为 0 表示当年尚未开通高铁；$C_{i:t}$ 表示一组控制变量；$Year_t$ 和 $City_i$ 表示年度固定效应和城市个体固定效应；ε_{it} 为随机扰动项。

三、变量选取

（一）创业活跃度（*Entrep*）

创业活跃度（*Entrep*）由新增企业注册数量、新增外来法人投资的笔数、新增风险投资的企业数量三个指标加权计算而成。该数据来自北京大学企业大数据研究中心编制的创新创业指数，本章将该指数中创业相关的这三个子维度指标取对数、标准化处理、进行加权计算，再转化为服从正态分布假设下的分位数得到最终的创业活跃度指数，数值处于 0～100 之间，该值越高代表城市创业活跃度越高。

（二）高铁开通（*HSR* × *Post*）

该变量表示为是否为开通高铁的城市（*HSR*）和当年是否开通高铁（*Post*）的交乘项。如果该城市在研究观测期间内有高铁开通则 *HSR* 为 1，否则为 0。如果在报告当年高铁开通，则在当年和之后的年份 *Post* 为 1，否则为 0。为了避免仅采用虚拟变量可能带来的误差，借鉴周玉龙等（2018）的做法，本章将当年经过各城市的高铁线路总数作为对当年是否开通高铁的替代测量，该连续变量测量能够更好地衡量高铁开通作用的程度，变量命名为 HSR × Route。

（三）经济规模（*ES*）

该变量用市辖区人均地区生产总值的自然对数表示。经济规模可能会影响创业的需求市场和供给市场规模，从而影响创业活动的产生。

（四）劳动要素成本（*LC*）

该变量用各市职工平均工资水平的自然对数表示。当地平均工资一定程度上可以较好地反映该地劳动要素成本，而劳动要素成本会影响经济活动的规模和类型，进而对城市的创业活跃度产生影响，因此将劳动要素成本作为控制变量。

（五）城市基建水平（*IC*）

该变量用市辖区人均拥有道路面积的自然对数表示。以城市内交通为代表的城市基建水平会影响城市内居民出行方式的选择，且也会影响城市的扩张速度和对城郊人口和产业的吸引力，从而影响城市的创业活跃度。

（六）城镇化水平（*UL*）

该变量用建成区占市辖区面积比重表示。城镇化程度较高的城市一定程度上拥有更大的消费市场，从而对创业活跃度产生影响。

（七）政府规模（*GS*）

该变量用各市财政支出与市辖区区域生产总值的比重表示。地方政府可能通过政府补贴等一系列方式对经济产生影响，进而影响城市的创业活跃度，因此也对该变量进行控制。

（八）经济集聚（*EA*）

本章用第二、第三产业产值与城市建设用地面积的比值来衡量经济集聚。经济集聚通常由城市单位面积土地上的产出来表示，能够衡量经济活动的密集程度。

（九）固定资产投资（*FI*）

该变量用各市固定资产投资总值的自然对数表示。固定资产投资可以反映城市的资本要素丰裕程度，已有研究也将固定资产投资作为衡量地区经济发展的指标之一（张俊，2017）。

（十）就业集聚（*EMP*）

该变量用各市单位面积第二、第三产业从业人数的自然对数表示。创业活动更依赖于非农产业，因此侧重第二、第三产业的就业集聚。

（十一）技术进步（*TD*）

该变量由新增发明专利授权数量、新增实用新型专利公开数量、新增外观设计专利公开数量三个指标加权计算而成。该数据来自北京大学企业大数据研究中心编制的创新创业指数，本章将该指数中与技术相关的这三个子维度指标取对数、标准化处理、进行加权计算，再转化为服从正态分布假设下的分位数得到最终的技术进步指数。

第五节　实证结果与分析

一、描述性统计

表 5－1 为本研究变量的描述性统计和相关系数矩阵。本章对所有连续变量在首尾 1%水平上进行了缩尾，避免了极端值对研究结果的影响。变量的相关膨胀因子（Variance Inflation Factor，VIF）均小于判断临界值 10，说明本研究不存在严重的多重共线性（Hair 等，2006）。

表 5－1　　　　描述性统计和相关系数矩阵

变量	均值	标准差	1	2	3	4	5	6	7	8
1 *Entrep*	50.657	26.399	1							
2 *HSR* × *Post*	0.272	0.445	0.248***	1						
3 *ES*	10.481	0.777	0.407***	0.478***	1					
4 *LC*	10.360	0.637	0.138***	0.554***	0.752***	1				
5 *IC*	10.120	0.938	0.390***	0.318***	0.647***	0.474***	1			
6 *UL*	0.083	0.087	0.352***	0.187***	0.283***	0.056***	0.188***	1		
7 *GS*	0.489	0.455	−0.346***	−0.028*	−0.203***	0.199***	−0.434***	−0.180***	1	
8 *EA*	7.715	1.419	0.580***	0.403***	0.709***	0.401***	0.463***	0.650***	−0.382***	1

注：*、**、***分别表示在 10%、5%和 1%水平上显著，下表同。

二、基准回归

表 5－2 为研究的基准回归结果，为了吸收面板数据中由于年份和个体不同产生的差异，本章均采用基于控制个体和年份固定效应的双向固定效应模型。模型（1）中的结果表明，高铁开通与城市创业活跃度在 5%的显著性水平上为正相关关系（$\beta = 1.259$，$p < 0.05$）；将当年高铁开通的虚拟变量替换为经过该城市的高铁线路总数后，模型（2）结果显示，高铁开通与城市创业活跃度在 1%的显著性水平上呈正相关关系（$\beta = 0.855$，$p < 0.01$）。检验结果说明高铁开通会对城市创业活跃度起到正向影响，假设 1 得到验证。由于省会级城市往往具有更多的政策倾斜和资源禀赋，为了检验省会级城市是否会对研究结论产生影响，模型（3）和（4）在模型（1）和（2）的基础上剔除了省会级城市样本，高铁开通变量系数均仍显著为正，再次验证了假设 1。同时，在非省会级城市样本中高铁变量的系数均大于在全样本中，说明高铁开通对非省会城市就业活跃度有更强的提升作用。为了避免省会级城市存在难以观测的要素对研究的影响，在本章之后的模型中均采用了剔除省会级城市的样本。

表 5-2　　基准回归结果

	(1)	(2)	(3)	(4)
	Entrep	*Entrep*	*Entrep*	*Entrep*
HSR×*Post*	1.259**		1.618**	
	(0.583)		(0.635)	
HSR×*Route*		0.855***		1.495***
		(0.313)		(0.427)
ES	2.152**	2.174**	2.319**	2.316**
	(0.874)	(0.873)	(0.946)	(0.945)
LC	6.002***	6.005***	6.042***	6.085***
	(1.358)	(1.357)	(1.451)	(1.449)
IC	1.605***	1.596***	1.752***	1.700***
	(0.607)	(0.607)	(0.657)	(0.657)
UL	-1.493	-1.716	-3.283	-3.424
	(4.058)	(4.058)	(4.493)	(4.489)
GS	0.353	0.550	0.958	1.125
	(0.941)	(0.948)	(0.999)	(1.001)
EA	0.596	0.628	0.513	0.562
	(0.496)	(0.496)	(0.538)	(0.538)
城市固定效应	是	是	是	是
年份固定效应	是	是	是	是
常数项	-45.48***	-45.86***	-51.11***	-51.34***
	(13.80)	(13.78)	(14.65)	(14.62)
N	4 364	4 364	3 971	3 971
R^2	0.015	0.016	0.016	0.017

注：括号中为标准误，*、**、***分别表示在 10%、5%、1%的水平上显著。

三、平行趋势检验及动态检验

双重差分估计的假设前提是有高铁开通的城市和没有高铁开通的城市在高铁开通之前的创业活跃度具有平行趋势。本章借鉴 Beck 等（2010）的方法对平行趋势进行验证，选取了高铁开通前后各 4 年的观测窗口期，将高铁开通之前 4

年和后 4 年的虚拟变量纳入到回归模型中，同时控制了年度和个体固定效应。图 5-1 展示了观测窗口期间各年度虚拟变量的系数估计值，结果显示高铁开通前 4 年各年度虚拟变量的系数与 0 相比均无显著差异，支持了平行趋势假设，说明开通高铁与创业活跃度之间没有预先相关性。图 5-1 中高铁开通后的结果展示了高铁开通的动态效应检验，结果显示在高铁开通后的第 3 年开始创业活跃度显著上升，说明高铁开通对创业活跃度的作用效果存在滞后。影响滞后的原因可能在于高铁开通带来的可达性地提高对于要素的吸引需要一个过程，劳动力集聚和技术进步都需要较长的周期。

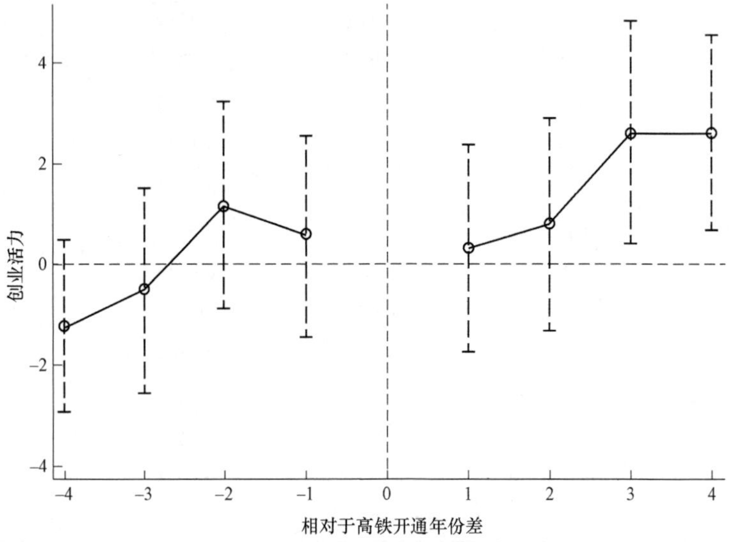

图 5-1　平行趋势检验及动态检验

四、安慰剂检验

为了进一步检验本章的结果是否由城市和年份层面可能遗漏的不可观察因素驱动，本章借鉴前人（Cai 等，2016）的方法，随机抽取开通高铁的年份进行安慰剂检验。如果没有显著的遗漏变量导致的偏差，随机抽取高铁开通年份构造的自变量的回归系数应不会显著偏离零点；反之，如果该系数统计上显著偏离于零则表明模型设定存在偏误。为了避免其他小概率事件对估计结果的干扰，本章进行了 500 次随机抽样，并按照式（5－1）进行回归。图 5－2 显示了 500 次随机抽样后的估计系数核密度分布，估计系数的均值在 1%显著性水平上为 0，且本章基准回归中的实际估计值在安慰剂检验中为明显异常值。因此，综合考虑以上结果，本研究的估计结果不存在由遗漏变量导致的严重偏误。

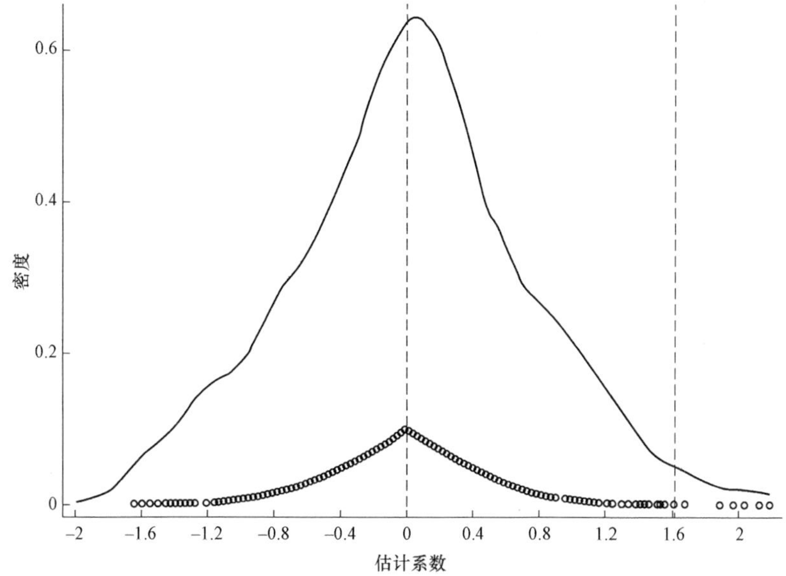

图 5－2　安慰剂检验

五、作用机制检验

以上研究表明，高铁开通与城市创业活跃度存在正相关关系，但高铁开通作用于创业活跃度的路径机制仍需要进一步探索。根据理论分析和假设，本章认为高铁开通可能通过就业集聚和技术进步来影响创业活跃度，因此需要进一步对就业集聚的中介作用进行分析和检验。本章通过 Baron 和 Kenny（1986）提出的逐步检验回归系数的方法验证中介作用是否成立，该方法易于理解和解释，且发生“第一类错误”的可能性更低（温忠麟和叶宝娟，2014）。根据逐步检验法的步骤，本章构造了如下模型：

$$EMP_{i,t} = \alpha_0 + \alpha_1 HSR \times Post + \alpha_2 C_{i,t} + Year_t + City_i + \varepsilon_{it} \quad (5-2)$$

$$Entrep_{i,t} = \alpha_0 + \alpha_1 HSR \times Post + \alpha_2 C_{i,t} + \alpha_3 EMP_{i,t} + Year_t + City_i + \varepsilon_{it} \quad (5-3)$$

$$TD_{i,t} = \alpha_0 + \alpha_1 HSR \times Post + \alpha_2 C_{i,t} + Year_t + City_i + \varepsilon_{it} \quad (5-4)$$

$$Entrep_{i,t} = \alpha_0 + \alpha_1 HSR \times Post + \alpha_2 C_{i,t} + \alpha_2 TD_{i,t} + Year_t + City_i + \varepsilon_{tt} \quad (5-5)$$

其中 $EMP_{i,t}$ 表示就业集聚变量，$TD_{i,t}$ 表示技术进步变量。其他部分含义与式（5－1）相同。就业集聚中介效应的完整检验过程由式（5－1）、式（5－2）、式（5－3）共同构成，技术进步的完整检验过程由式（5－1）、式（5－4）、式（5－5）共同构成。

表 5－3 展示了就业集聚中介效应的检验结果。由回归结果可知，模型（3）和（4）将就业集聚（*EMP*）作为因变量后，高铁开通变量系数均显著为正，说明高铁开通对就业集聚有正向影响；模型（5）和（6）将高铁开通变量和就业集聚同时作为自变量进行回归，高铁开通变量和就业集聚系数均显著为正，说明就业集聚程度的提高对创业活跃度有着显著正向的影响。综合以上结果，就业集聚的中介效应成立，就业集聚对高铁开通与创业活跃度间的影响起到部分中介的作用，假设 2 得到验证，就业集聚是高铁开通提高创业活跃度的作用机制之一。

表 5－3　　就业集聚中介效应检验

	（1）	（2）	（3）	（4）	（5）	（6）
	Entrep	*Entrep*	*EMP*	*EMP*	*Entrep*	*Entrep*
HSR×Post	1.618**		0.046***		1.308**	
	（0.635）		（0.014）		（0.636）	
HSR×Route		1.495***		0.038***		1.237***
		（0.427）		（0.009）		（0.429）
EMP					5.270***	5.206***
					（0.763）	（0.763）
ES	2.319**	2.316**	0.020	0.020	2.547**	2.542**
	（0.946）	（0.945）	（0.023）	（0.023）	（1.049）	（1.049）
LC	6.042***	6.085***	－0.344***	－0.344***	7.884***	7.900***
	（1.451）	（1.449）	（0.032）	（0.032）	（1.477）	（1.476）

续表

	(1)	(2)	(3)	(4)	(5)	(6)
	Entrep	*Entrep*	*EMP*	*EMP*	*Entrep*	*Entrep*
IC	1.752***	1.700***	0.066***	0.065***	1.436**	1.401**
	(0.657)	(0.657)	(0.015)	(0.015)	(0.675)	(0.675)
UL	-3.283	-3.424	-0.157	-0.160	-1.077	-1.238
	(4.493)	(4.489)	(0.138)	(0.138)	(6.339)	(6.334)
GS	0.958	1.125	-0.093***	-0.090***	1.252	1.394
	(0.999)	(1.001)	(0.022)	(0.022)	(1.011)	(1.013)
EA	0.513	0.562	0.115***	0.116***	-0.586	-0.527
	(0.538)	(0.538)	(0.017)	(0.017)	(0.807)	(0.807)
城市固定效应	是	是	是	是	是	是
年份固定效应	是	是	是	是	是	是
常数项	-51.11***	-51.34***	-4.61***	-4.61***	-27.10*	-27.67*
	(14.65)	(14.62)	(0.32)	(0.32)	(15.14)	(15.11)
N	3 971	3 971	3 919	3 919	3 918	3 918
R^2	0.016	0.017	0.988	0.988	0.028	0.029

注：括号中为标准误，*、**、***分别表示在10%、5%、1%的水平上显著。

表5-4展示了技术进步中介效应的检验结果。由回归结果可知，模型（3）和（4）将技术进步（*TD*）作为因变量后，高铁开通变量系数均显著为正，说明高铁开通对技术进步有正向影响；模型（5）和（6）将高铁开通和技术进步同时作为自变量进行回归，显示高铁开通和技术进步变量系数均显著为正，说明技术进步程度提高对创业活跃度有着显著正向的影响。综合以上结果，技术进步的中介效应成立，技术进步对高铁开通与创业活跃度之间的影响起到部分中介的作用，假设3得到验证，技术进步是高铁开通提高创业活跃度的作用机制之一。

表 5-4　　技术进步中介效应检验

	(1)	(2)	(3)	(4)	(5)	(6)
	Entrep	*Entrep*	*TD*	*TD*	*Entrep*	*Entrep*
HSR×Post	1.618**		1.253**		1.393**	
	(0.635)		(0.569)		(0.627)	
HSR×Route		1.495***		1.501***		1.229***
		(0.427)		(0.382)		(0.422)
TD					0.180***	0.178***
					(0.018 1)	(0.018 2)
ES	2.319**	2.316**	4.850***	4.850***	1.448	1.455
	(0.946)	(0.945)	(0.848)	(0.847)	(0.938)	(0.937)
LC	6.042***	6.085***	1.691	1.786	5.738***	5.768***
	(1.451)	(1.449)	(1.300)	(1.298)	(1.432)	(1.431)
IC	1.752***	1.700***	3.417***	3.367***	1.138*	1.102*
	(0.657)	(0.657)	(0.589)	(0.588)	(0.651)	(0.651)
UL	-3.283	-3.424	-8.011**	-8.254**	-1.844	-1.958
	(4.493)	(4.489)	(4.027)	(4.021)	(4.437)	(4.435)
GS	0.958	1.125	-0.030 9	0.201	0.964	1.090
	(0.999)	(1.001)	(0.896)	(0.896)	(0.987)	(0.988)
EA	0.513	0.562	0.260	0.332	0.466	0.503
	(0.538)	(0.538)	(0.482)	(0.482)	(0.531)	(0.531)
城市固定效应	是	是	是	是	是	是
年份固定效应	是	是	是	是	是	是
常数项	-51.11***	-51.34***	-48.31***	-49.21***	-42.43***	-42.59***
	(14.65)	(14.62)	(13.13)	(13.10)	(14.49)	(14.47)
N	3 971	3 971	3 971	3 971	3 971	3 971
R^2	0.016	0.017	0.033	0.036	0.041	0.042

注：括号中为标准误，*、**、***分别表示在 10%、5%、1%的水平上显著。

六、异质性检验

由于处在不同地域位置的城市存在明显的发展不平衡现象，高铁开通对创业活跃度的促进作用也可能存在区域性差异。将中国的城市按照东部、中部和西部城市划分在已有对高铁开通作用的研究中受到广泛应用（如，董艳梅和朱英明，2016）。本章采用中国国家统计局的划分标准[①]，将研究样本根据所处省（市、自治区）是否属于东部地区、中部地区和西部地区进行分组检验。表 5–5 展示了异质性检验的结果，结果显示无论是采用虚拟变量还是连续变量的测量方式，高铁开通对于创业活跃度的影响在东部地区和中部地区均显著为正，而在西部地区 $HSR \times Post$ 项系数为负，$HSR \times Route$ 项系数不显著。说明高铁开通对创业活跃度的影响在东、中、西部地区城市存在异质性，在东部和中部地区高铁开通会促进创业活跃度的提高，而在西部地区高铁开通的影响可能不显著，甚至会降低城市的创业活跃度。其原因在于：高铁对于沿线城市同时存在溢出效应和虹吸效应两种作用效果相反的影响，最终对城市创业活跃度的影响取决于两种效应权衡的结果（Deng 等，2020）。对于西部地区城市而言，创业所需配套设施较差，跨区域交通方式也较为单一，即使高铁开通后，仍较难满足创业对资金、人才、技术等要素的需要，因此高铁带来的影响更多体现为虹吸效应，使要素流向东、中部地区，反而降低了西部城市的创业活跃度。而东部和中部城市相比于西部城市而言，原有基础设施较为完善，能够为创业活动提供较好的营商环境，高铁开通进一步强化了这些地区的区位优势。同时，高铁作为一种客运专用运输方式，对第三产业的集聚效应更为明显，而东部和中部地区第三产业相对西部更加发达，因此高铁开通进一步使要素由非高铁城市和西部城市向东部和中部地区城市集聚（Deng 等，2020；Ke 等，2017），更明显地提升了东部和中部城市的创业活跃度。

① 东部地区包括北京、天津、河北、辽宁、上海、江苏、浙江、福建、山东、广东、海南 11 个省（市）；中部地区包括山西、吉林、黑龙江、安徽、江西、河南、湖北、湖南 8 个省；西部地区包括内蒙古、广西、重庆、四川、贵州、云南、西藏、陕西、甘肃、青海、宁夏、新疆 12 个省（市、自治区）。

表 5-5　　东中西部异质性检验

	(1)	(2)	(3)	(4)	(5)	(6)
	东部		中部		西部	
	Entrep	*Entrep*	*Entrep*	*Entrep*	*Entrep*	*Entrep*
HSR × *Post* × *Western*	1.160					
	(0.852)					
HSR × *Route* × *Western*		0.707				
		(0.556)				
HSR × *Post* × *Middle*			3.661***			
			(0.811)			
HSR × *Route* × *Middle*				2.975***		
				(0.591)		
HSR × *Post* × *Eastern*					-3.839***	
					(1.106)	
HSR × *Route* × *Eastern*						-1.466*
						(0.754)
ES	2.466***	2.445**	1.997**	1.956**	2.479***	2.410**
	(0.954)	(0.953)	(0.947)	(0.946)	(0.946)	(0.948)
LC	6.007***	5.958***	5.830***	5.771***	5.926***	5.825***
	(1.455)	(1.453)	(1.445)	(1.444)	(1.447)	(1.448)
IC	1.780***	1.774***	1.760***	1.621**	1.862***	1.791***
	(0.658)	(0.658)	(0.656)	(0.656)	(0.657)	(0.658)
UL	-3.184	-3.205	-3.092	-2.982	-3.192	-3.095
	(4.499)	(4.501)	(4.481)	(4.478)	(4.487)	(4.493)
GS	0.935	0.919	0.495	0.554	0.673	0.677
	(1.012)	(1.012)	(0.992)	(0.991)	(0.993)	(0.994)
EA	0.502	0.485	0.459	0.489	0.518	0.454
	(0.541)	(0.540)	(0.536)	(0.536)	(0.537)	(0.537)
城市固定效应	是	是	是	是	是	是
年份固定效应	是	是	是	是	是	是
常数项	-52.37***	-51.55***	-45.75***	-43.72***	-52.58***	-49.90***
	(14.94)	(14.86)	(14.59)	(14.60)	(14.65)	(14.64)
N	3 971	3 971	3 971	3 971	3 971	3 971
R^2	0.015	0.015	0.020	0.021	0.017	0.015

注：括号中为标准误，*、**、***分别表示在 10%、5%、1%的水平上显著。

此外，本章从另一个角度探索高铁开通对城市创业活跃度的异质性影响，即根据所研究城市是否属于城市群进行分组检验。中国在“十三五”规划中提出了 19 个城市群的发展思路，截至 2020 年已审批了 11 个城市群名单，本章按已审批的 11 个城市群的城市名单和未审批的 8 个城市群的规划名单划定了属于城市群的城市样本，再根据样本是否属于城市群进行分组检验。表 5－6 展示了是否属于城市群的异质性检验的结果，结果显示属于城市群的城市样本中，高铁开通变量系数均显著为正，说明高铁开通对城市群中的城市创业活跃度的提升具有显著影响，但该作用对于未划入城市群的城市并不显著。其原因在于：城市群是城市发展到成熟阶段的最高空间组织形式，现代城市发展的一个重要特征是城市发展不再局限于单个城市，而是要逐步依托于城市群（孙楚仁等，2021）。与非城市群地区相比，城市群内会产生分工和协同效应，城市群内城市网络的形成推动了城市间资源要素的流动和优化配置，资源要素集聚更为明显，增强了对创业活动的吸引力。伴随着城市群内交通基础设施建设的布局和城市协同分工体系的完善，资源和要素流动的数量、频次会大幅上升，进一步促进城市群内的相互依托和协同发展（孙楚仁等，2021）。因此，完善的创业配套体系、更高的要素集聚程度、城市群内的协同效应使得高铁开通对于城市群内城市创业活跃度的提升作用更明显。

表 5－6　　城市群异质性检验

	（1）	（2）	（3）	（4）
	城市群		非城市群	
	Entrep	*Entrep*	*Entrep*	*Entrep*
HSR × *Post*	1.516*		0.544	
	（0.777）		（1.111）	
HSR × *Route*		1.500***		0.655
		（0.513）		（0.779）
ES	3.544***	3.554***	0.006	－0.002
	（1.172）	（1.171）	（1.576）	（1.575）
LC	6.567***	6.627***	4.994**	5.028**
	（1.787）	（1.785）	（2.433）	（2.431）

续表

	(1)	(2)	(3)	(4)
	城市群		非城市群	
	Entrep	*Entrep*	*Entrep*	*Entrep*
IC	1.321	1.247	2.841***	2.826***
	(0.830)	(0.830)	(1.049)	(1.049)
UL	−5.200	−5.478	−1.999	−1.869
	(5.220)	(5.217)	(9.523)	(9.518)
GS	5.700***	5.898***	−2.733*	−2.658*
	(1.387)	(1.388)	(1.434)	(1.437)
EA	0.501	0.549	1.102	1.138
	(0.659)	(0.658)	(0.929)	(0.930)
城市固定效应	是	是	是	是
年份固定效应	是	是	是	是
常数项	−60.63***	−60.91***	−40.30	−40.62
	(17.95)	(17.90)	(24.87)	(24.86)
N	2 727	2 727	1 244	1 244
R^2	0.032	0.034	0.045	0.045

注：括号中为标准误，*、**、***分别表示在 10%、5%、1%的水平上显著。

第六节 结　　论

作为以客运为主的现代交通运输方式，高速铁路对城市创业活跃的影响是一个重要但尚未充分探索的领域。本章将高铁开通作为一项自然实验，采用双重差分法对 2003—2019 年 290 个城市的面板数据进行分析，探索高铁开通对沿线城市创业活跃度的影响，并通过中介效应模型进一步研究其作用机制。本章研究发现：首先，高铁开通会提升沿线城市的创业活跃度，且该影响平均存在两年时滞，在高铁开通后的第三年城市创业活跃度得到显著提升。其次，就业集聚和技术进步在高铁提升城市创业活跃度的作用中起到部分中介作用，即高铁通过提升沿线城市的就业集聚程度、促进技术进步，进而对创业活跃度起到积极作用。最后，高铁对城市创业活跃度的影响存在异质性。高铁对于中国中部城市的创业活跃度能起到更积极的影响；同时，高铁对城市群内城市的创业活跃度有更显著的积极影响。

第七节　对"一带一路"沿线国家的启示

中国提出的"一带一路"倡议受到世界广泛关注，而"一带一路"沿线国家经济社会的高质量健康发展是"一带一路"倡议顺利推进的重要动力。因此，进一步激发沿线国家的经济活力至关重要。

创业是经济增长的重要动力之一。根据全球创业观察的相关调查数据，目前"一带一路"沿线国家的平均创业总比例（创业人数在18～64岁成年人口中所占的比例）相对不高，但潜力较大。随着"一带一路"倡议的深入发展，"一带一路"沿线国家要推进工业化、现代化和提高基础设施水平，在基础设施建设、规则标准制定、贸易和投资合作中发挥积极作用，需对劳动者和企业的创造力水平提出更高要求，要求其具备更高的创新创业水平，带动产业发展，实现向价值链的更高端攀升，进一步促进投资、聚合产业、带动就业，推动沿线国家经济发展。

影响创业活动的因素很多，其中交通基础设施建设带来的要素流动和聚集是创新要素产生以及创业活动活跃的重要基础。中国的高速铁路建设为交通基础设施影响的研究提供了准自然实验的条件，基于中国情境的实证研究可以为"一带一路"沿线国家发展高铁为代表的交通基础设施建设，为进一步提升整体创业活跃度提供经验证据和借鉴作用。

本章的研究结论可以为"一带一路"沿线国家提供以下借鉴和启示。首先，以高铁为代表的交通基础设施可以帮助"一带一路"沿线国家提升创业活跃度，促进创业活动的产生和活跃。因此，随着整体经济发展水平逐渐提高，"一带一路"沿线国家更可寻找经济发展的新动能，追求经济高质量发展。而创业活动是刺激经济发展的重要推动力量，企业是经济活动的主体，由创业企业带来的创新创业活动往往是经济社会发展重大革新的来源。高铁等交通基础设施会通过提升可达性，促进人流、物流、资金流的流动，促进各方面要素流动速度加快、利用效率提高，在这其中，交流互动的增加使得创新能力进一步增强，产品、市场、模式等各方面的新机会也进一步增多，这些因素都有利于创业活动的开展，使高铁等交通基础设施沿线城市的创业活跃度上升。因此，“一带一路”沿线国家可更注重交通基础设施的建设，不断完善交通线路，提高交通线路密度，使其点连成线、线织成面，提升各地的可达性，降低交通运输的成本，促进要素流动、聚集以及更完善高效的要素市场形成。事实上，对于条件成熟的国家而言，引入高速铁路建设是一个新的发展机遇，高铁带来的推动作用以及高铁与已有公路和铁路的联结将为当地交通条件带来新的飞跃。

其次，“一带一路”沿线国家的地方政府可积极完善创业活动的配套设施，完善地方吸引人才的配套政策措施，保障当地对劳动要素集聚的吸引力，积极通过就业集聚机制发挥高铁对“一带一路”沿线国家城市创业活跃度的提升作用。当前许多“一带一路”沿线国家的留学生在当地政府和中国政府的支持下来中国学习和交流，学成之后再回国创办企业，这对“一带一路”沿线国家是一个促进创业活跃度提高的重要机会。对于政策制定者来说，此时更重要的是如何留住人才，提升就业集聚的程度，让就业产生协同和规模效应，充分发挥新创企业和留学人才带来的知识和技术的溢出。以高铁为代表的交通基础设施建设为此提供了重要的基础，高铁可以通过提高就业集聚程度，促进沿线城市创业活跃度的提升。同时，“一带一路”沿线国家当地政府可加强孵化器建设、创业产业园等创业基础设施建设，帮助创业企业解决融资约束，为重点产业新创企业提供减税、免税等优惠政策，使高铁带来的流入要素能够在当地生根发芽，同时通过定期组织交流活动加强创业人才的交流和集聚，充分发挥高铁带来的集聚优势。

最后，“一带一路”沿线国家可通过邻近城市间配套交通基础设施建设加强技术人员等创新人才的流动，为知识溢出和创新环境的形成创造良好的环境。此外，“一带一路”沿线国家也可采取措施加强对知识产权的保护，充分发挥技术进步机制对交通基础设施带动城市创业活跃度提升的作用。高铁促进沿线城市创业活跃度提升的一个重要机制就是技术进步，而同时，技术进步的激励和持续很大程度上依赖于专利保护等知识产权制度的维护。因此“一带一路”沿线国家可大力提升对知识产权的重视程度，维护技术进步机制的有效性，形成尊重知识、尊重人才、尊重创造的创新创业氛围，进而帮助整体创业活跃度的提升。

第六章　高铁对低碳经济的影响
——基于高铁开通对城市碳排放强度的影响及机制研究

第一节　引　言

高速铁路作为铁路运输史上的一项重大技术创新，对沿线地区产生了深远的影响（Vickerman，2015）。已有研究对高铁的经济作用进行了许多探索，认为高铁可以通过影响交通成本（Lin，2017）、可达性（Monzon 等，2019；林晓言，2018）、劳动力流动（Guirao 等，2018；杨金玉和罗勇根，2019）、区域发展差距（卞元超等，2018）、空间公平（戴学珍等，2016）等方面作用于城市经济发展。虽然存在部分争议，但大多数研究结果发现高铁开通有利于促进沿线地区的经济增长（Ahlfeldt 和 Feddersen，2018；张俊，2017）。在经济发展的过程中，随着资源和环境约束的加剧，发展低碳经济、促进经济可持续发展成为一种必然的选择，然而现有研究更关注高铁的经济影响，对其环境影响的研究较少，且已有的相关研究往往采用单一视角，并未将经济与环境影响综合考虑（Huang 和 Wang，2020；Wang 等，2019）。

中国经济的快速发展带来了对化石能源需求量的急剧上升，但与此同时也对环境造成了一定负面影响。加快推进节能减排事业，降低碳排放强度，有助于应对全球气候变化和实现中国经济的高质量发展。“十三五”规划中明确指出要构建清洁低碳、安全高效的现代能源体系。中国向联合国气候变化框架公约秘书处提交的应对气候变化国家自主贡献文件中也提出，到 2030 年，中国单位国内生产总值二氧化碳排放将比 2005 年下降 60%～65%。因此降低碳排放强度，推动低碳经济发展已经成为经济社会发展的重要任务之一。目前对于高铁与碳排放间关系的研究更关注于高铁带来的直接影响，即高铁的建设过程以及与其他交通方式相比在运营过程中碳排放量的变化（张汉斌，2011），而对高铁通过影响经济社会发展，进而影响城市碳排放强度变化的间接作用关注较少。与高铁建设和运营带来的直接影响相比，其间接影响更加广泛和深远。因此，本章试图通过多期双重差分法对中国地级市层面的面板数据进行分析，探索高铁开通对沿线城市的碳排放强度的间接影响，并进一步探究其中的作用机制。

第二节　文献综述

作为交通基础设施的重要组成部分，高铁被认为是经济增长的新的驱动力，其优势在于减少出行时间和成本，提高运力利用率和可靠性，增加可达性（Lin，2017；Monzon 等，2019；Wu 等，2014；林晓言，2018）。已有许多研究关注高铁带来的经济效益，认为高铁可以通过多种作用渠道影响运输成本、区域经济差距、经济增长等。例如，Ahlfeldt 和 Feddersen（2018）研究发现，高铁对周围地区具有溢出效应，通过知识扩散、提高可达性和降低交易成本对经济增长起到积极作用。Chen 等（2016）认为高铁主要通过刺激需求和扩大产出对经济增长产生积极作用。但也有研究认为高铁的运营导致沿线县域固定资产投资减少，进一步导致这些地区 GDP 下降（Qin，2016）。虽然由于研究样本、方法等不同，得到的研究结论并不完全一致，但大部分研究都认为高铁对沿线地区经济具有促进作用（张俊，2017；周浩和郑筱婷，2012）。一些研究也开始关注高铁带来的“时空压缩”效应对区域创新和收入差距的影响，认为交通基础设施的发展通过提升沿线地区的可达性，有益于形成完善的创新网络（Fritsch 和 Slavtchev，2011），还可以通过连接中国不发达地区和发达地区来改善区域经济差距和人口分布不平衡（Chen 和 Haynes，2015）。

与此同时，高铁对环境的影响也逐渐成为一个研究热点，一部分研究通过较为系统的方式评估高铁的修建和运行对于能源消耗和废弃物排放的整体影响（Chen 和 Haynes，2015），另一部分研究更专注于对某一种环境因素的影响，如生物多样性（Cornet 等，2018）、空气污染（李建明和罗能生，2020）、二氧化硫和废水（杨思莹和路京京，2020）、气候变化等（Givoni，2007）。虽然目前已有越来越多的研究关注高铁对经济和环境因素的影响，但往往局限于单一视角，即只采用经济视角或环境视角，很少将二者综合考虑（Huang 和 Wang，2020；Wang 等，2019）。随着资源和环境约束的加剧，促进经济可持续发展成为一种必然的选择，而碳排放强度作为对单位产值的二氧化碳排放量的经济与环境结合的综合测度，仍未得到充分关注。

目前对于碳排放的相关研究主要分为两类。一类主要关注对不同层面碳排放的测算和预测。例如，张恪渝等（2017）通过投入产出表预测了在最优产业结构下，中国可以在保持经济增速的同时实现减碳目标。另一类研究主要是对影响碳排放的因素进行分析。研究认为从经济社会角度来看，富裕程度、人口和技术水平是碳排放的主要驱动因素（Liu 等，2015）。同时，交通基础设施也是影响碳排放的重要因素，该因素主要从两个方面影响了二氧化碳的排放：一是交通基础设施的建设和运行直接向大气排放二氧化碳。相关研究通常通过测算某一种交通方式的碳排放量或对比不同交通方式带来的碳排放增加或减少，如高速铁路与普通铁路相比能否起到减排作用（张汉斌，2011）；二是交通基础设施通过影响经济活动，进而间接影响二氧化碳排放。这些研究通常是基于指标分析来确定影响碳排放的因素，为了探索交通和社会经济因素的整体影响，许多研究采用了 STIRPAT 模型来进行分析（Dietz 和 Rosa，1997；Wang 等，2017，2019；Xie 等，2017）。与其他方法相比，扩展的 STIRPAT 模型允许考虑更多不同的影响因素，并且对于数据的限制较少（Xie 等，2017）。目前高铁对碳排放影响的相关研究大多更关注第一类方法，研究高铁的建设带来的碳排放量及高铁运营相对于其他交通方式对碳排放量的变化（Dalkic 等，2017；张汉斌，2011），对于高铁的间接影响涉及较少。

事实上，相比于交通基础设施的直接作用，间接作用可能更加广泛和深远。

综上所述，本章在已有研究的基础上，从以下几个方面进行了拓展。首先，碳排放强度表示单位产值的二氧化碳排放量，能够体现经济发展的环境效应，从经济和环境两个视角探索高铁开通对沿线城市的影响。同时，已有研究认识到相比于普通铁路，高铁具有节能减排的直接影响，但对铁路建设和运行以外的间接作用关注较少。本章侧重于对交通基础设施对经济社会带来的间接影响分析，探索高铁的开通能否对沿线城市起到“减碳”的作用，一定程度上对已有研究进行了拓展和补充。其次，本章采用多期双重差分法，将不同城市开通高铁的年份作为政策实施的时间节点，剔除了随时间自然增长或经济形势变化带来的时间效应，避免了采用传统 OLS 方法或采用某一年作为高铁开通的政策时间节点可能带来的误差。此外还通过平行趋势检验和动态检验验证了研究方法的可行性和研究结果的稳健性。最后，本章将产业结构调整和经济集聚纳入高铁开通与碳排放强度关系研究的理论分析框架中，并通过构建中介效应模型分析高铁开通对碳排放强度影响的传导机制，还将研究样本根据所属地区进行了异质性检验，进一步分析高铁开通对碳排放强度的作用在东、中、西部地区城市的影响是否存在差异。

第三节　理论分析与研究假设

一、高铁开通与碳排放强度

碳排放强度指标可以表示一个国家或地区经济发展过程中的资源利用效率。除了交通方式变革带来的直接减碳影响外，高铁开通对碳排放强度具有更重要的间接影响。首先，相比于公路和普通铁路，高铁通过技术变革为经济和社会发展提供了更好的基础，进一步克服了已有的要素流动障碍。具体而言，高铁实现了对可达性的极大改善，压缩了时空距离（Dalkic 等，2017；张汉斌，2011），降低了出行成本，打破了交通低连通性带来的阻碍（Chen 和 Haynes，

2017），从而最大程度地削弱了地理距离和行政力量对要素流动的束缚，促进了技术、资本、劳动力等生产要素及消费群体、消费资料等在高铁沿线地区快速流动，使得跨区域间资金流、物流、信息流的流动和交换更加迅速和便捷（孙娜等，2020）。对于微观主体而言，高铁开通促进了生产要素尤其是管理、技术、知识等高端生产要素在更广范围内的时空配置（宣烨等，2019）。要素在跨城市区域的尺度上发生的迁移与重组加速了资源的重新配置，使对资源的利用程度和效率得到进一步提高（Sasaki 等，1997；戴学珍等，2016），从而降低了经济发展过程中单位产值所需资源，降低了碳排放强度。

另外，高铁开通为科技创新和知识传播提供了更为便利的条件。高铁增加了创新要素跨区域合理分布的可能性，有利于提高不同区域创新资源的可用性和储备（Huang 和 Wang，2020）。创新要素投入是激励创新、保障创新活动、提高创新产出的关键环节。然而，由于地域的限制，创新资源特别是人力资源的初始分布往往不均衡。高铁有利于优化创新要素的空间分布，提高城市对人才的吸引力（Dong 等，2020），增加区域创新发展所需的创新要素储备。创新要素流动空间的扩大和流动率的提高也促进了生产技术和产出效率的提高，使生产方式向更高效的方向发展，生产者可以实现更少的资源消耗和更高的产业专业化程度。同时，高铁可以促进创新要素的沟通和交流，增强知识的溢出效应，提高创新水平。人口的跨区域快速流动驱动不同主体之间的知识互动和交流，进而加速知识溢出（卞元超等，2019）。高铁的开通既便于大城市的研发人员向中小城市流动，扩大其知识服务的空间范围；也便于中小城市的研发人员频繁地到大城市学习和交流，实现劳动力的共享、学习和匹配效应（徐强，2020）。对于高铁沿线城市而言，开通高铁还能够有效提高城市对域外创新资源和要素的可得性，推动城市开放型创新水平提升和城市间创新网络的形成。因此，高铁促进了创新要素的流动，促进了技术水平的提升，技术的发展进一步提升了资源利用效率，从而降低了城市的碳排放强度。综上所述，本章提出：

假设 1：高铁开通能够降低沿线城市的碳排放强度。

二、高铁开通、产业结构与碳排放强度

高铁改变了要素的空间关联和布局，进而通过多种路径影响区域产业结构。首先，生产要素的快速转移和重构会改变产业结构（Soo，2008）。高铁的开通促进了要素的流动，加强了对各种要素的利用，影响了原始要素的相对价格和投入结构，进一步影响各种生产要素的边际生产率，加快了要素在不同产业部门间的空间流动和空间配置，引起产业结构的变化和调整（Huang 和 Wang，2020）。更重要的是，中国的高铁以提供客运服务为主，对劳动力要素以及依附于劳动力的资本、信息、技术等要素的影响最为直接。高铁的开通重塑和优化了沿线城市的区位条件，带来了丰富的劳动力、更好的技术与更便捷的信息渠道，为服务业企业的发展提供了便利（Shao 等，2017）。而且高铁缩短了通行时间，扩大了潜在市场需求，时空距离的缩短使所在地区的对外辐射能力加强，服务半径不断扩大，这带来了更大的发展潜力，从而进一步提升城市的竞争力以吸引各种不同的服务业企业进入。因此，相较于对自然资源和能源较为依赖的第二产业，第三产业更容易从高铁开通中受益，尤其是知识密集型、技术密集型的高端服务业企业（Shao 等，2017）。因此随着高铁开通地区的相关要素丰裕程度提高，第三产业的比重也逐步上升（Shao 等，2017）。另一方面，区位条件优化的同时也意味着一部分要素价格的上升和企业收益空间的压缩。高铁开通促进了沿线地区的经济发展，同时也带来了租金、收入水平和物价的上升（Chen 和 Haynes，2015），并由此降低了对土地价格、原材料成本和用工成本更为敏感的一些制造业企业的比重。而且由于高铁作为客运线路，虽然一定程度上可以释放已有铁路运力，但对货运的影响仍然有限，因此这些制造业企业更愿意选择成本较低的地区，从而促进了高铁沿线地区的产业结构调整。

在当前工业化进程中，产业布局不合理以及第二产业高投入、高污染、低产出的发展模式会增加二氧化碳排放。第二产业集中了大多数的高能耗部门，这些部门在生产的各个环节所产生的碳排放量在三类产业间占比最大。产业结构的变动尤其是第二产业比重的下降是降低碳排放的有效途径，对生态环境的改善起着至关重要的作用（顾阿伦等，2016；孙丽文等，2020）。高铁开通带来

的沿线城市产业结构的调整，使第三产业占比提高，第二产业占比下降，可以使经济发展对能源和资源的依赖度下降，起到降低碳排放强度的效果。因此，本章提出：

假设 2：高铁开通通过产业结构调整影响沿线城市碳排放强度。

三、高铁开通、经济集聚与碳排放强度

高铁带来的要素流动和重新配置也会影响沿线城市的经济集聚程度（万思齐和杨励雅，2020）。高铁作为一种现代化、高效的交通设施，缩短了设站地区与附近地区的交通时间，降低了跨区域交流成本，加强了与周边地区的经济联系，使高铁沿线城市能够充分利用高铁对周边地区的溢出效应，包括知识扩散、可达性改善和交易成本降低（Ahlfeldt 和 Feddersen，2018），有利于吸引企业投资和人口集聚。对于高铁沿线城市而言，可达性的提高促进了新的区位优势的形成，吸引了周边非高铁沿线城市生产要素向其集聚（林晓言等，2015）。对于企业而言，高铁的连通使得其能够以更低的成本搜寻到供应商和客户（Bernard 等，2019），同时企业和员工可以在更大的空间范围内进行双向选择，有利于帮助企业获得更合适的劳动力（Heuermann 和 Schmieder，2019），享受更高的知识溢出效应，从而提高生产率。此外，高铁带来了时间成本、交易成本、运输成本的降低，这些机制都使得高铁城市成为一些企业设址的最优选择。对于个人而言，高铁通车后通勤至大城市的时间成本更低，更能够通过公共设施共享、就业匹配等机制享受大城市的优势（Guirao 等，2018）。高铁开通还增加了知识劳动者彼此面对面沟通的机会，有利于信息碰撞和知识创造（Storper 和 Venables，2004）。虽然一些观点认为在部分开通高铁的城市可能存在虹吸效应大于溢出效益的情况，但这些城市同时也吸收着来自附近区域非高铁城市的要素聚集，因此整体而言，本章认为高铁开通将带来沿线区域的经济集聚程度上升。

高铁带来的经济集聚程度提高也会影响沿线城市的碳排放强度（任晓松等，2020），主要可能从两个方面起到“降碳”的作用。第一，各经济主体的空间集

聚会充分发挥范围经济的优势。具体而言，地区内相关企业的集聚使得对于原材料和半成品供应、销售、人力招聘的基础设施和相关服务的利用率提高，减少了由于资源分配不均衡、信息交流不顺畅等造成的资源和能源浪费，从而降低了单位产值经济发展所需的资源，降低了碳排放强度。其次，经济集聚利于提高环境规制程度。当经济集聚程度较低时，企业分布较为分散，使得监管难度大且监管措施实施成本高，即使有高标准的环境规制政策也很难控制企业的偷排行为，因此在较低经济集聚程度下的环境管制较难实现（豆建民和张可，2015）。但是当经济集聚程度较高时，企业的集中有利于宣传环境规制政策，也有利于监管部门采取一定的措施统一管理企业的行为（邵帅等，2019），标准化、制度化的环境管理也有利于更严格的环境政策的制定和实施，使集聚效应可以通过环境规制来实现降低碳排放的强度（任晓松等，2020）。因此，经济集聚程度的上升有利于城市碳排放强度的下降。因此，本章提出：

假设 3：高铁开通通过经济集聚影响城市碳排放强度。

四、高铁开通的区域异质性影响

由于中国幅员辽阔，处在不同地域位置的城市长期以来受到历史沿革、自然环境、资源禀赋、政策支持等多方面因素的影响，发展存在较为明显的不平衡现象。许多跨城市的分析都表明高铁对不同类型和规模的城市在经济增长和要素价格等方面的影响存在异质性，但是该异质性影响在不同的方面暂无统一的模式（Jin 等，2020），如高铁可能会在偏远地区和经济增长中心之间产生趋同效应或分化效应（Yao，Zhang，Wang 和 Ou，2019）。

事实上，高速铁路的开通最直接的作用就是通过提高沿线地区的可达性，缩短了跨区域客运出行的旅行时间（林晓言，2018）。而高铁对于某一地区可达性提升的程度取决于高铁与公路、航空、普通铁路等其他交通方式相比带来的“时空压缩”效应的优化程度，因此高铁开通对于碳排放强度的影响也依赖于该地区原有交通基础设施的完善程度。相比于其他地区，中国东部地区的交通基础设施较为完善，在高铁修建之前就有较为完善的公路网和铁路网，而且由于地理位置和河流分布的因素，东部地区的航运也更发达，为货物运输提供了巨大的运力。而相比于东部和中部地区，西部地区由于地形复杂，旧有的交通基础设施相对落后，尤其是跨区域的交通方式较为单一，城市间交通便利性较差，因此在西部地区高铁开通后可带来可达性的极大提升，使得西部地区城市开通高铁对降低碳排放强度的边际作用效果更为明显。而东部地区已有交通基础设施较为完善，高铁开通后对于沿线区域可达性的提升有限，使开通高铁对降低碳排放强度的边际作用较弱。因此，本章提出：

假设 4：高铁开通对降低沿线城市碳排放强度的影响对东、中、西部城市存在区域异质性。

第四节　研 究 设 计

一、数据及样本

不同的国家和机构对于高速铁路有不同定义，对此本章采用中国国家铁路局及其颁布的《高速铁路设计规范》文件中对高速铁路的定义，将中国高铁界定为设计开行时速 250 公里以上（含预留）、初期运营时速 200 公里以上的客运专线铁路。目前公认的中国第一条高速铁路为 2008 年开通的京津城际铁路。根据本研究的研究问题和数据可得性，本章采用 2003—2016 年作为研究的时间窗口期，将中国的地级市作为研究对象。城市层面数据来自各年《中国城市统计年鉴》，能源和电力数据来自各年《中国电力年鉴》和《中国能源统计年鉴》，在剔除掉数据缺失严重的观测值后，共获得 283 个城市 2 914 个观测值。

二、计量模型

Dietz 和 Rosa（1997）提出的 STIRPAT 模型强调了人口、财富、技术因素对碳排放的影响，本章基于扩展的 STIRPAT 模型构造计量模型来研究高铁开通对碳排放强度的影响。双重差分法（Difference-in-Differences，DID）通常被用于评估政策实施的效果，由于中国不同地区和城市的高铁并不是同时开通的，很难确定一个统一的年份作为高铁作为政策措施的实施年份，因此本研究采用多期双重差分法进行分析，将不同城市高铁开通的年份作为当地政策实施的年份，这样既能通过双重差分法准确地评估政策实施后带来的净效果，又可以避免采用统一政策实施年份可能造成的误差。经过 Hausman 检验显示应拒绝原假设，采用固定效应模型。本章的基准实证模型如下：

$$CI_{i,t} = \alpha_0 + \alpha_1 HSR \times Post + \alpha_2 C_{i,t} + Year_t + City_i + \varepsilon_{it} \qquad (6-1)$$

其中，$CI_{i,t}$ 为碳排放强度，$HSR \times Post$ 为该城市样本期内是否开通高铁和该年是否已开通高铁的交乘项，该项为 1 表示该城市当年已有高铁开通，为 0 表示当年尚未开通高铁，$C_{i,t}$ 表示一组控制变量，包含 STIRPAT 模型中的人口、财富、技术等因素，包括经济规模、人口规模、技术水平、城镇化水平、城市基础设施建设水平、劳动要素成本和环境规制变量；$Year_t$ 和 $City_i$ 表示年度效应和城市个体效应，通过固定效应控制年度和城市效应吸收了由于年份变化和城市个体产生的差异；ε_{it} 为随机扰动项。

三、变量选取

（一）碳排放强度（*CI*）

碳排放强度（*CI*）变量用各市单位地区生产总值的二氧化碳排放量的自然对数表示。已有研究认为城市内碳排放的主要来源是消耗化石燃料的直接碳排放和消耗电力的间接碳排放（陈操操等，2014）。因此本研究借鉴韩峰等（2017）和任晓松等（2020）的测量方式提出碳排放强度的计算模型，如公式（6-2），将碳排放量分为液化石油气、煤气和全社会用电量三部分进行估计测算。

$$CO_2 = C_1 + C_2 + C_3 = kE_1 + vE_2 + \varphi(\eta E_3) \qquad (6-2)$$

其中，CO_2 表示该市二氧化碳排放总量，C_1、C_2、C_3 分别为液化石油气、煤气和全社会用电量带来的二氧化碳排放量，k 为液化石油气的 CO_2 折算系数，

E_1为液化石油气消费量，v为煤气的CO_2折算系数，E_2为煤气消费量，η为煤电占总发电量的比重，φ为煤电燃料链温室气体排放系数，折合等效CO_2为1.320 3kg/（kW·h）（周迪等，2019）。

（二）高铁开通（*HSR* × *Post*）

该变量表示为是否为开通高铁的城市（*HSR*）和当年是否开通高铁（*Post*）的交乘项。如果该城市在研究观测期间内有高铁开通则将HSR赋值为1，否则为0。如果在报告当年高铁开通，则在当年和之后的年份将Post赋值为1，否则为0。

（三）产业结构（*IS*）

该变量用第三产业产值占地区生产总值的比重表示。相比于消耗大量化石燃料和用电量极大的第二产业，第三产业的比重提高能够起到降低碳排放强度的作用。同时产业结构的调整也可能受到交通条件改变带来的生产要素加速流动的影响。

（四）经济集聚（*ED*）

借鉴已有研究的方法，用第二、第三产业产值与城市建设用地面积的比值来衡量经济集聚（郝寿义和张永恒，2016）。经济集聚通常由城市单位面积土地上的产出来表示，能够衡量经济活动的密集程度（Ciccone 和 Hall，1996）。城市经济活动更加依赖非农产业，因此更侧重于第二、第三产业的经济集聚。

（五）经济规模（*ES*）

该变量用人均地区生产总值的自然对数表示。Dietz 和 Rosa（1997）研究发现国家的富裕程度对于碳排放具有显著影响，且该影响可能是非线性的，在人均GDP高于1万美元的国家随着富裕程度的进一步上升会带来碳排放的下降。因此本研究通过控制人均地区生产总值来控制该因素对碳排放的影响。

（六）人口规模（*PS*）

该变量用全市年末总人口的自然对数表示。人口规模的扩大一方面会加大对各类化石燃料和电力的消耗（Dietz 和 Rosa，1997），另一方面人口红利使经济能够在一定时期内保持较高增长率（陆旸和蔡昉，2014），从而也对碳排放量起到间接影响。

（七）技术水平（*TL*）

该变量用地级市科技支出费用的自然对数表示。技术水平的提高可能会通过能源结构调整、技术扩散和促进经济增长等多个方面对碳排放产生直接或间接的影响（Kang 等，2018）。

（八）城镇化水平（*UL*）

该变量用地级市建成区占市辖区面积比重表示。城镇化进程一方面可能由人口聚集和经济发展推动，另一方面也会进一步吸引人口、刺激经济，整体上提升对能源的需求量，增加碳排放量。但同时城镇化水平的提高也有利于形成规模经济，提升污染治理的水平和标准，降低污染物处理的成本，从而也可能降低碳排放强度。

（九）固定资产投资（*FI*）

该变量用各市固定资产投资增长率表示。固定资产投资与第二产业和工业企业规模有着紧密的联系，已有研究也将固定资产投资作为衡量地区经济发展的指标之一（张俊，2017）。

（十）城市基建水平（*IC*）

该变量用市辖区人均拥有道路面积的自然对数表示。以城市内交通为代表的城市基建水平会影响城市内居民出行方式的选择，也会影响城市的扩张速度和对城郊人口、产业的吸引力，从而影响城市的碳排放量（刘李红和李红昌，2017）。

（十一）劳动要素成本（*LC*）

该变量用地级市职工平均工资水平的自然对数表示。当地平均工资一定程度上可以较好地反映该地劳动要素成本，而劳动要素成本会影响经济活动的规模和类型，进而对城市的碳排放密度产生影响，因此本研究也加入了劳动要素成本作为控制变量。

（十二）环境规制（*ER*）

该变量用通过单位产值工业废水、工业烟尘和二氧化硫排放量计算的环境规制强度综合指数表示，该指数越大表明污染排放越多，环境规制程度越弱。具体计算方法借鉴叶琴等（2018）的研究，将各城市单位产值工业废水、二氧化硫及烟尘进行标准化后通过调整系数进行加权，调整系数为单位产值污染物排放量与各城市平均水平的比值。

第五节　实证结果及分析

一、描述性统计

表 6－1 展示了本研究变量的描述性统计和相关系数矩阵。为了避免极端值对结果的影响，本研究对所有连续变量在首尾 1%水平上做了缩尾处理。Pearson 相关系数矩阵显示绝大多数变量间的相关系数均小于 0.5，同时变量的相关膨胀因子（Variance Inflation Factor，VIF）均在 1.09～5.16 之间，均值为 2.13，均小于判断临界值 10，说明本研究不存在严重的多重共线性。

表 6－1　　描述性统计和相关系数矩阵

变量	均值	标准差	1	2	3	4	5	6	7	8	9	10
1 *CI*	4.651	0.649	1									
2 *HSR*×*Post*	0.232	0.422	−0.282***	1								
3 *ES*	10.152	0.765	−0.361***	0.463***	1							
4 *PS*	5.898	0.676	−0.214***	0.170***	−0.103***	1						
5 *TL*	10.311	1.789	−0.216***	0.225***	0.378***	0.323***	1					
6 *UL*	0.091	0.089	0.042**	0.169***	0.189***	0.212***	0.136***	1				
7 *FL*	0.252	0.235	0.178***	−0.242***	−0.371***	0.015	−0.275***	−0.014	1			
8 *IC*	10.157	0.894	−0.099***	0.260***	0.711***	−0.321***	0.227***	0.158***	−0.217***	1		
9 *LC*	10.267	0.553	−0.441***	0.519***	0.781***	0.000	0.303***	0.045**	−0.448***	0.421***	1	
10 *ER*	0.079	0.253	0.220***	−0.127***	−0.149***	−0.174***	−0.010	−0.061***	0.103***	−0.034*	−0.170***	1

注：*、**、***分别表示 p 值小于 0.1、0.05、0.01。

二、基准回归

表 6-2 展示了研究的基准回归结果，第（1）列为混合回归模型结果，第（2）列为控制个体效应的固定效应回归模型结果，第（3）列为控制年度固定效应和城市固定效应的双向固定效应回归模型的结果。三种模型的回归结果均显示高铁开通变量的交乘项（*HSR*×*Post*）系数均显著为负，为了吸收面板数据中由于年份固定效应和城市固定效应不同产生的差异，之后的分析均采用基于控制城市固定效应和年份固定效应的双向固定效应模型。模型（3）的结果显示，高铁开通与碳排放强度在 5%的显著性水平上呈负线性关系（$\beta=-0.044$，$p<0.05$），说明高铁开通会对城市碳排放强度起到负向影响，本研究的假设 1 得到验证。

表 6-2　　基准回归结果

	（1）	（2）	（3）
	CI	*CI*	*CI*
HSR × *Post*	−0.051*	−0.074***	−0.044**
	（0.029）	（0.019）	（0.020）
ES	−0.213***	−0.492***	−0.343***
	（0.030）	（0.035）	（0.039）
PS	−0.191***	0.038	0.129**
	（0.019）	（0.066）	（0.063）
TL	−0.007	0.014***	0.012
	（0.007）	（0.004）	（0.009）
UL	1.021***	0.057	0.040
	（0.125）	（0.135）	（0.131）
FI	−0.089*	0.016	−0.102***
	（0.050）	（0.028）	（0.029）
IC	0.086***	0.016	0.004
	（0.018）	（0.023）	（0.022）
LC	−0.320***	0.002	0.112**

续表

	(1)	(2)	(3)
	CI	*CI*	*CI*
	(0.034)	(0.037)	(0.048)
ER	0.289***	0.060**	0.048*
	(0.042)	(0.025)	(0.026)
城市固定效应	否	是	是
年份固定效应	否	否	是
常数项	10.340***	9.081***	6.382***
	(0.297)	(0.450)	(0.682)
N	2 914	2 914	2 914
R^2	0.280	0.459	0.527

注：括号中为标准误，*、**、***分别表示在10%、5%、1%的水平上显著。

三、平行趋势检验及动态检验

进行双重差分估计的假设前提是有高铁开通的城市在高铁开通之前的碳排放强度和没有高铁开通的城市的碳排放强度具有平行趋势。为了验证平行趋势，本章借鉴 Beck 等（2010）的做法，选取了高铁开通前后共 15 年的观测窗口期，将高铁开通之前 8 年和之后 6 年的虚拟变量纳入到回归模型中，同时控制了年度固定效应和城市固定效应。

图 6－1 展示了观测窗口期间各年度虚拟变量的系数估计值和 95%的置信区间，结果显示高铁开通前 8 年各年度虚拟变量的系数与 0 相比均无显著差异，支持了平行趋势假设，意味着开通高铁与碳排放强度之间没有预先相关性。图 6－1 中高铁开通后的结果展示了高铁开通的动态效应检验，结果显示在高铁开通后的第 4 年碳排放强度开始显著下降，且在随后 2 年该下降趋势逐渐扩大，说明高铁开通对碳排放强度的作用效果存在滞后。影响滞后的原因可能在于高铁开通带来的可达性提高对于资本、劳动力等要素的吸引需要一个过程，劳动力的迁移和产业结构的调整都需要较长的周期。

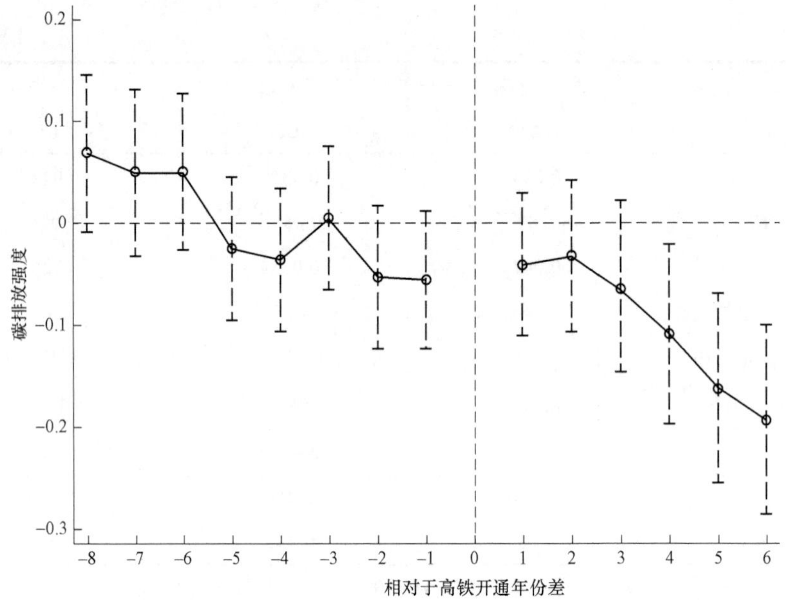

图 6－1　平行趋势检验及动态效果检验

四、作用机制检验

以上研究表明，高铁开通与城市碳排放强度间存在负相关关系，但高铁开通作用于碳排放强度的路径机制仍需要进一步探索。根据理论分析和假设，本章认为高铁开通可能通过产业结构的调整优化和经济集聚来影响碳排放强度，因此需要进一步对产业结构的中介作用进行分析和检验。本章通过 Baron 和 Kenny（1986）提出的逐步检验回归系数的方法验证中介作用是否成立，该方法易于理解和解释，且发生“第一类错误”的可能性更低（温忠麟和叶宝娟，2014）。根据逐步检验法的步骤，本章另外构造了如下模型：

$$IS_{i,t}=\alpha_0+\alpha_1 HSR\times Post+\alpha_2 C_{i,t}+Year_t+City_i+\varepsilon_{it} \quad (6-3)$$

$$CI_{i,t}=\alpha_0+\alpha_1 HSR\times Post+\alpha_2 C_{i,t}+\alpha_3 IS_{i,t}+Year_t+City_i+\varepsilon_{it} \quad (6-4)$$

$$EA_{i,t}=\alpha_0+\alpha_1 HSR\times Post+\alpha_2 C_{i,t}+Year_t+City_i+\varepsilon_{it} \quad (6-5)$$

$$CI_{i,t}=\alpha_0+\alpha_1 HSR\times Post+\alpha_2 C_{i,t}+\alpha_3 EA_{i,t}+Year_t+City_i+\varepsilon_{it} \quad (6-6)$$

其中，$IS_{i,t}$ 表示产业结构变量，$EA_{i,t}$ 表示经济集聚变量。其他部分含义与式（6－1）相同。产业结构中介效应的完整检验过程由式（6－1）、式（6－3）、式（6－4）共同构成，经济集聚的完整检验过程由式（6－1）、式（6－5）、式（6－6）共同构成。

表6－3展示了产业结构中介效应的检验结果。表6－3中第（1）、（2）、（3）列分别对应式（6－1）、式（6－3）、式（6－4），由回归结果可知，第（1）列中 *HSR*×*Post* 交乘项系数显著为负（$\beta=-0.044$，$p<0.05$），说明高铁开通负向影响碳排放强度；第（2）列将产业结构作为因变量后，*HSR*×*Post* 交乘项显著为正（$\beta=0.565$，$p<0.05$），说明高铁开通对产业结构（第三产业占比）有正向影响，即高铁开通会使该城市第三产业占地区生产总值比重提高，产业结构得到优化；第（3）列将高铁开通（*HSR*×*Post*）和产业结构（*IS*）同时作为自变量进行回归，结果显示 HSR×Post 交乘项系数仍显著为负（$\beta=-0.041$，$p<0.05$），产业结构项系数也显著为负（$\beta=-0.005$，$p<0.01$），说明产业结构的优化，即第三产业占比提高，对碳排放强度有着显著负向影响。综合以上结果，产业结构的中介效应成立，产业结构对高铁开通与碳排放强度间的影响起到部分中介作用，本章提出的假设2得到验证，产业结构优化是高铁开通降低碳排放强度的作用机制之一。高铁开通带来的可达性提高促进了要素的流动，进一步刺激了产业结构的调整和转型，提升了第三产业的比重，同时也与第三产业高流动性的特点相适应，而第二产业通常是地区产业结构中资源消耗和能源消耗的主要部分，第三产业相比第二产业具有明显的降碳优势，因此高铁开通可以通过带动产业结构优化来间接降低碳排放强度。

表6－3　产业结构中介效应检验

	（1）	（2）	（3）
	CI	*IS*	*CI*
HSR×*Post*	－0.044**	0.565**	－0.041**
	（0.020）	（0.225）	（0.020）
IS			－0.005***
			（0.002）
ES	－0.343***	－8.899***	－0.389***
	（0.039）	（0.440）	（0.042）

续表

	(1)	(2)	(3)
	CI	*IS*	*CI*
PS	0.129**	−0.646	0.126**
	(0.063)	(0.714)	(0.063)
TL	0.012	0.104	0.013
	(0.009)	(0.103)	(0.009)
UL	0.040	−0.514	0.038
	(0.131)	(1.475)	(0.130)
FI	−0.102***	−0.931***	−0.106***
	(0.029)	(0.326)	(0.029)
IC	0.004	−0.739***	0.001
	(0.022)	(0.254)	(0.022)
LC	0.112**	−0.050	0.112**
	(0.048)	(0.538)	(0.048)
ER	0.048*	−0.229	0.047*
	(0.026)	(0.291)	(0.026)
城市固定效应	是	是	是
年份固定效应	是	是	是
常数项	6.382***	128.900***	7.048***
	(0.682)	(7.709)	(0.717)
N	2 914	2 914	2 914
R^2	0.527	0.438	0.529

注：括号中为标准误，*、**、***分别表示在 10%、5%、1%的水平上显著。

表 6−4 展示了经济集聚中介效应的检验结果。表 6−4 中第（1）、（2）、（3）列分别对应式（6−1）、式（6−5）、式（6−6），由回归结果可知，第（1）列中 $HSR \times Post$ 交乘项系数显著为负（$\beta = -0.044$，$p < 0.05$），说明高铁开通负向影响碳排放强度；第（2）列将经济集聚作为因变量后，$HSR \times Post$ 交乘项不显著；

第（3）列将高铁开通（$HSR \times Post$）和经济集聚（EA）同时作为自变量进行回归，结果显示 $HSR \times Post$ 交乘项系数仍显著为负（$\beta = -0.045$，$p<0.05$），经济集聚项系数也显著为负（$\beta = -0.037$，$p<0.05$），说明经济集聚程度的提高对碳排放强度有着显著负向影响。综合以上结果，经济集聚的中介效应尚未得到验证，但经济集聚能够促进碳排放强度的降低与本章假设中的逻辑一致。高铁开通对经济集聚的影响不一致的原因可能是对于部分城市而言，高铁带来的作用存在溢出效应和虹吸效应两种促进和降低经济集聚程度的相反效果，是否能够实现经济集聚取决于两种效应的权衡，当这两种作用同时存在于样本中时，使得整体的效应并不显著。因此在全样本下高铁对于经济集聚的作用不显著，但经济集聚对于降低碳排放强度被检验具有显著的作用。

表 6-4　　　　经济集聚中介效应检验

	(1)	(2)	(3)
	CI	*EA*	*CI*
$HSR \times Post$	-0.044^{**}	-0.020	-0.045^{**}
	(0.020)	(0.025)	(0.020)
EA			-0.037^{**}
			(0.016)
ES	-0.343^{***}	0.574^{***}	-0.322^{***}
	(0.039)	(0.049)	(0.040)
PS	0.129^{**}	-0.136^{*}	0.124^{**}
	(0.063)	(0.080)	(0.063)
TL	0.012	0.031^{***}	0.013
	(0.009)	(0.012)	(0.009)
UL	0.040	-3.887^{***}	-0.104
	(0.131)	(0.164)	(0.144)
FI	-0.102^{***}	-0.121^{***}	-0.106^{***}
	(0.029)	(0.036)	(0.029)
IC	0.004	-0.160^{***}	-0.002
	(0.022)	(0.028)	(0.023)

续表

	(1)	(2)	(3)
	CI	*EA*	*CI*
LC	0.112**	−0.005	0.112**
	(0.048)	(0.060)	(0.048)
ER	0.048*	−0.054*	0.046*
	(0.026)	(0.032)	(0.026)
城市固定效应	是	是	是
年份固定效应	是	是	是
常数项	6.382***	8.070***	6.683***
	(0.682)	(0.859)	(0.693)
N	2 914	2 914	2 914
R^2	0.527	0.615	0.528

注：括号中为标准误，*、**、***分别表示在 10%、5%、1%的水平上显著。

五、区域异质性检验

将中国的城市划分为东、中、西部在已有对高铁开通作用的研究中受到广泛应用（如，董艳梅和朱英明，2016），本章采用国家统计局的划分标准[①]，将研究样本根据所处省（市、自治区）构造是否属于西部地区、中部地区、东部地区的虚拟变量（变量符号分别为 Western、Middle、Eastern），将该虚拟变量分别与高铁开通变量（$HSR \times Post$）进行乘积构造交乘项，代入回归模型进行双向固定效应回归。表 6－5 展示了高铁开通对碳排放强度影响的东部、中部、西部区域异质性检验，第（1）、（2）、（3）列分别为加入西部、中部、东部地区虚拟变量交乘项的回归结果，结果显示 $HSR \times Post \times Western$ 显著为负（$\beta = -0.119$，$p < 0.01$），说明高铁在西部地区城市开通后，能够对碳排放强度起到显著降低的

① 东部地区包括北京、天津、河北、辽宁、上海、江苏、浙江、福建、山东、广东、海南 11 个省（市）；中部地区包括山西、吉林、黑龙江、安徽、江西、河南、湖北、湖南 8 个省；西部地区包括内蒙古、广西、重庆、四川、贵州、云南、西藏、陕西、甘肃、青海、宁夏、新疆 12 个省（市、自治区）。

作用，而该作用在中部和东部地区城市不显著。表明相比于中部和东部地区城市，西部地区城市开通高铁对碳排放强度的边际影响更大，一定程度上说明了高铁开通对碳排放强度的影响具有区域异质性，假设 3 得到验证。这主要是因为，相比于东部和中部地区，西部地区城市交通便利性较差，高铁开通后可带来可达性的极大提升，因此边际作用效果显著，而东部和中部地区，尤其是东部地区，在高铁开通之前可达性就远优于西部地区，因此高铁带来的边际作用效果有限。而省会城市（自治区首府、直辖市）在行政等级上高于其他地级市，可能会受到一系列政策倾斜影响，同时这些城市在东、中、西部地区的分布也较为均匀，因此在第（4）、（5）、（6）列中剔除掉省会城市（自治区首府、直辖市）样本，重复上述过程进行区域异质性检验，结果显示，*HSR*×*Post*×*Western* 项（$\beta=-0.072$，$p<0.1$）和 *HSR*×*Post*×*Middle* 项（$\beta=-0.048$，$p<0.1$）均显著为负，说明在剔除省会城市（自治区首府、直辖市）后，高铁在中部和西部地区城市开通后，都能够对碳排放强度起到显著降低的作用，而该作用在东部地区城市不显著，表明中部和西部地区城市开通高铁对碳排放强度的边际影响更大，再次验证了高铁开通对碳排放强度影响具有区域异质性的假设。在剔除省会城市后，中部地区虚拟变量交乘项显著的原因可能是中部地区由于地理因素及自然因素，其交通基础设施在省会城市明显优于地区内其他城市，在非省会城市中，高铁开通仍对于可达性有显著影响，从而对碳排放强度有显著的边际作用。

表 6-5　　区域异质性检验

	(1) *CI*	(2) *CI*	(3) *CI*	(4) *CI*	(5) *CI*	(6) *CI*
HSR×*Post*×*Western*	−0.119***			−0.072*		
	(0.037)			(0.043)		
HSR×*Post*×*Middle*		−0.031			−0.048*	
		(0.026)			(0.028)	
HSR×*Post*×*Eastern*			0.008			0.015
			(0.027)			(0.029)
ES	−0.324***	−0.332***	−0.332***	−0.340***	−0.341***	−0.341***
	(0.039)	(0.039)	(0.040)	(0.042)	(0.042)	(0.043)

续表

	(1)	(2)	(3)	(4)	(5)	(6)
	CI	*CI*	*CI*	*CI*	*CI*	*CI*
PS	0.129**	0.130**	0.127**	0.103	0.105	0.102
	(0.063)	(0.063)	(0.063)	(0.071)	(0.071)	(0.071)
TL	0.010	0.011	0.010	0.017 1*	0.019*	0.017*
	(0.009)	(0.009)	(0.009)	(0.010)	(0.010)	(0.010)
UL	0.045	0.036	0.028	0.164	0.165	0.158
	(0.130)	(0.131)	(0.131)	(0.143)	(0.143)	(0.143)
FI	−0.101***	−0.101***	−0.102***	−0.091***	−0.090***	−0.091***
	(0.029)	(0.029)	(0.029)	(0.030)	(0.030)	(0.030)
IC	0.007	0.006	0.006	−0.026	−0.027	−0.026
	(0.022)	(0.022)	(0.023)	(0.025)	(0.025)	(0.025)
LC	0.128***	0.116**	0.118**	0.168***	0.161***	0.166***
	(0.048)	(0.048)	(0.048)	(0.051)	(0.051)	(0.052)
ER	0.046*	0.048*	0.048*	0.049*	0.050*	0.050*
	(0.026)	(0.026)	(0.026)	(0.026)	(0.026)	(0.026)
城市固定效应	是	是	是	是	是	是
年份固定效应	是	是	是	是	是	是
常数项	6.046***	6.230***	6.234***	6.234***	6.293***	6.267***
	(0.684)	(0.683)	(0.699)	(0.728)	(0.726)	(0.740)
N	2 914	2 914	2 914	2 582	2 582	2 582
R^2	0.528	0.526	0.526	0.505	0.505	0.504

注：括号中为标准误，*、**、***分别表示在10%、5%、1%的水平上显著。

六、稳健性检验

（一）工具变量法控制内生性问题

高铁开通城市的选择本身可能存在内生选择的问题，使得一些不可预测的因素同时影响高铁的开通和城市的碳排放强度。本章参考刘冲和周黎安（2014）

的研究，将城市的地形起伏度作为工具变量采用两阶段最小二乘法（2SLS）进行估计。首先，地形起伏度体现了城市的地形变化情况，影响高铁修建的成本，对某一城市是否开通高铁会产生重要影响，因此满足相关性的要求；其次，地形因素是历史上形成的客观自然条件，与当期城市碳排放强度不直接相关，因此满足外生性要求。由于在样本期间内地形起伏度是一个不随时间变化的变量，因此借鉴卞元超等（2019）的方法，本章将其与每一年度各地级市所在省开通高铁城市的总数相乘。

工具变量法的 2SLS 模型结果如表 6 – 6 所示，高铁开通与碳排放强度在 1%显著性水平上呈负相关关系，表明高铁开通能够显著降低城市碳排放强度，与基准结果相一致。同时，第一阶段结果表明，所选用的工具变量（*IV*）与高铁开通的概率在 1%显著性水平上相关，且 F 统计量为 36.437，大于 10%水平上识别弱工具变量的临界值，说明本章选取的工具变量是有效的。总体而言，在控制了内生性问题后本章的研究结果仍较为稳健。

表 6 – 6　　工具变量 2SLS 结果

	（1） 第一阶段 *HSR × Post*	（2） 第二阶段 *CI*
Prob（HSR × Post）		–0.492***
		（0.185）
IV	0.021***	
	（0.003）	
控制变量	是	是
城市固定效应	是	是
年份固定效应	是	是
N	2 889	2 889
R^2	0.470	0.437
F	36.437	

（二）安慰剂检验

为了进一步检验本章的结果是否由城市和年份层面可能遗漏的不可观察因素驱动，借鉴 Cai 等（2016）的方法，本章通过随机抽取开通高铁的城市和开通高铁的年份进行安慰剂检验。由于安慰剂检验中开通高铁的变量 HSR^P 和高铁开通年份都是随机抽取的，因此构造的交乘项 $HSR^P \times Post^P$ 应不会对模型因变量碳排放强度产生影响，即如果没有显著的遗漏变量导致的偏差，安慰剂处理变量（$HSR^P \times Post^P$）的回归系数不会显著偏离零点，反之如果该系数统计上显著偏离于零则表明模型设定存在偏误。同时，为了避免其他小概率事件对估计结果的干扰，本章进行了 200 次随机抽样，按照式（6－1）进行基准回归。图 6－2 显示了 200 次随机抽样后的估计系数核密度及对应的 p 值分布，可见估计系数的均值几乎为 0，且绝大多数 p 值大于 0.1，表 6－2 中模型（3）的实际估计值在安慰剂检验中为明显异常值。因此，综合考虑以上结果，本章的估计结果不存在由遗漏变量导致的严重偏误。

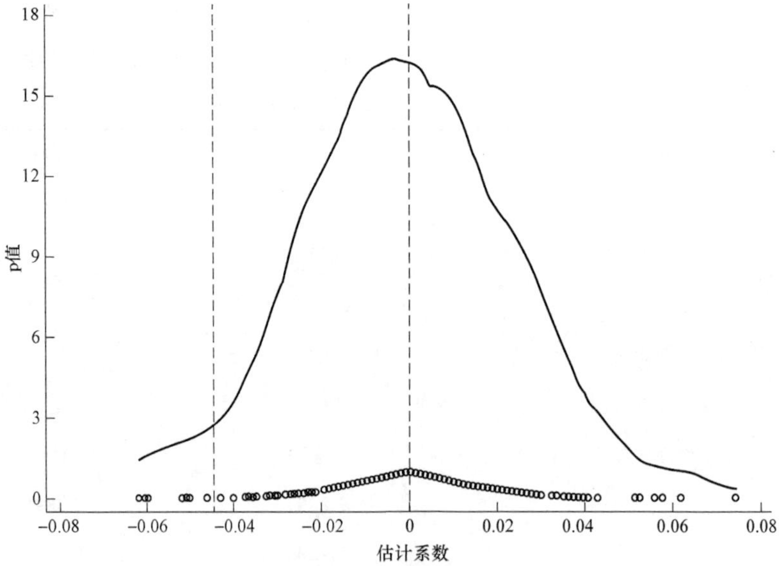

图 6－2　安慰剂检验

第六节　结　　论

高速铁路近年来的迅速发展为居民的出行方式带来了更多的选择，也对经济、社会、环境带来了深远的影响。同时，随着全球变暖问题日益严峻，以及中国经济结构转型、发展方式转变的需要，发展低碳经济、降低碳排放强度，已经变得越来越重要。交通方式一直以来是影响碳排放的重要因素，除了交通基础设施的修建和车辆运行的能源消耗外，交通方式通过作用于经济社会发展影响碳排放强度的间接作用是一个重要但尚未得到充分研究的领域。因此，探索高速铁路开通对沿线城市碳排放强度的影响至关重要。本章搜集了 2003—2016 年间中国 283 个地级市的面板数据，采用多期双重差分模型进行研究，探索高铁开通对城市碳排放强度的影响，并通过构建中介效应模型进一步分析其作用机制。研究主要结论如下：（1）高铁开通会对城市碳排放强度起到负向影响，且平均而言该影响具有三年时滞，即在高铁开通后的第四年开始城市碳排放强度显著降低，并且下降趋势在之后进一步扩大。（2）中介效应结果表明，产业结构调整在高铁开通对碳排放强度的影响中起到部分中介作用，高铁开通使沿线城市第三产业占比上升，产业结构的调整起到了降碳的作用。同时，虽然经济集聚程度的上升也显著降低了碳排放强度，但是高铁开通对于经济集聚的影响不显著，原因可能在于部分城市存在虹吸效应与溢出效应的双重作用，导致整体而言在全样本下高铁开通并不能起到显著的促进经济集聚的作用。（3）区域异质性分析表明，在全样本中，高铁开通对碳排放强度的影响在东、中、西部地区存在差异，对西部地区城市的影响更显著。在非省会城市中，高铁开通对西部和中部地区高铁沿线城市起到显著降低碳排放强度的作用，而在东部地区则对其没有显著影响。

第七节 对“一带一路”沿线国家的启示

在2021年的“一带一路”绿色金融与低碳发展论坛上，中国生态环境部副部长赵英民表示，绿色低碳转型将成为世界各国实现可持续发展的必由之路，也是推动疫后世界经济绿色复苏的最优方案。中国坚定不移走生态优先、绿色低碳的高质量发展道路，同时也在积极履行国际责任，携手各方共建绿色“一带一路”，为世界发展贡献中国智慧和中国力量。

事实上，自2013年以来，“一带一路”绿色发展的国际共识不断凝聚，发展低碳经济成为“一带一路”沿线国家经济深入发展的必然选择。中国提出了“碳达峰”和“碳中和”的“双碳”目标，并已在实践中积累了低碳经济发展的经验，对于“一带一路”沿线国家来说，“中国经验”可以为其提供借鉴和启示。

自从2008年以来，中国的高铁网络开始逐步建成与完善，高铁带来的人流、物流的极大改善对经济社会发展产生了显著的影响。高铁这一基础设施带来的准自然实验的理想条件，使其成为研究交通基础设施对经济社会发展影响的突破口。与此同时，当前对于碳排放、低碳经济的研究也成为理论和实践中共同关注的热点，许多研究开始从宏观层面探索经济增长、金融发展、城镇化等影响因素对碳排放的作用，但对交通基础设施的关注仍不充分。事实上，交通基础设施建设对碳排放强度的影响很重要，并可以通过直接和间接两种渠道发挥作用。具体而言，交通基础设施建设带来的出行方式改善、能耗降低、运输效率的提高，直接降低了碳排放强度，有利于低碳经济的发展；同时，交通基础设施带来的可达性提高、知识和技术交流扩散加快，进一步促进了创新要素的产生和集聚程度的提高，从而从人口结构、产业结构、技术进步等多方面促进低碳经济的发展。就“一带一路”沿线国家而言，如何在现有情形下促进低碳经济发展，提高发展的质量和可持续性是一个重要的问题。同时，由于许多国家仍未建设高速铁路，陆上交通方式仍以公路和普通铁路为主，因此将中国高速铁路建设产生的影响进行分析和探索，可以为“一带一路”沿线国家的发展提供一定的借鉴作用和经验证据。

本章的研究结论对“一带一路”沿线国家的启示主要有以下几点。首先，随着高铁建设的密度提高，“一带一路”沿线国家可充分发挥高铁促进产业结构调整的作用，实现高质量经济发展和降碳作用的最大化。高铁的客运优势和对要素流动的促进作用推动沿线地区第三产业比重的上升，“一带一路”沿线国家地方政府在充分发挥其优势的基础上，完善产业结构调整的配套措施，有规划、有条理地实现企业、人口的引入及迁移，使高铁开通能够助力“一带一路”沿线国家城市整体发展的低碳化转型升级。未来当“一带一路”沿线的这些国家有条件布局高铁网络后，可以通过高铁带来的集聚效应，更加充分地发挥规模经济的作用，从而提升对自然资源和其他要素的利用效率，使得第二产业的碳排放相对降低；更重要的是，通过利用高铁对人员流动和人员聚集带来的有利影响，大力促进第三产业发展，获取经济高质量发展的新动能，从而提升发展的协调性和可持续性。

其次，“一带一路”沿线国家可发挥经济集聚的降碳作用，同时权衡好高铁的溢出效应与虹吸效应。部分非中心城市的地区开通高铁后可能导致虹吸效应使得要素流出，当虹吸效应的作用大于溢出效应时，城市发展可能受到一定负面影响。因此“一带一路”沿线国家地方政府可充分发挥高铁带来的优势，制定一系列优惠政策吸引周边非高铁城市要素集聚，经济的集聚将进一步通过实现范围经济和加强环境管制实施效果促进碳排放强度的降低，实现低碳经济发展。对于“一带一路”沿线国家而言，高铁的规划要与国家与城市发展的规划相结合，高铁带来的可达性提升无疑会使要素更多地流向中心城市和高铁沿线城市，造成非高铁城市或高铁沿线的部分地区由于虹吸效应作用更大而产生要素净流出，但同时，这也是一个资源优化配置和重新布局调整的契机，在市场有效配置资源的前提下，对要素资源利用率更高的地区会产生净流入，相反则会产生净流出，最终达到边际利用率的动态平衡，借助高铁的规划实现国家和城市层面规划布局的优化调整。

最后，“一带一路”沿线国家可借助高铁开通的契机，加强交通基础设施建设，合理规划高铁站点与各级交通的联结，合理利用站点附近土地。“一带一路”

沿线国家的地方政府可以借助交通成本的降低和旅行时间的减少发掘地方优质资源，如规划特色旅游景区、建设高新产业园区等，因地制宜，发挥当地特色和优势，实现高能耗、高污染产业转型升级。近些年，“一带一路”沿线国家也是世界各国游客的重要目的地，由于悠久的历史、特色的自然景观和人文景观、传统文化习俗等宝贵资源和历史遗产，“一带一路”沿线国家具有了发展旅游业等相关第三产业的重要基础。借助高铁带来的人与人之间的高效交流，无疑会为“一带一路”沿线国家的第三产业发展提供重要的推动力，从而实现产业结构转型升级，促进低碳经济发展。

第七章　信息不对称与供应商关系型交易
——基于高铁开通的准自然实验

第一节　引　　言

在经济全球化的背景下，提高企业风险抵御能力至关重要。风险竞争力也成为企业供应链的新范式（李旭章，2020）。习近平总书记在《国家中长期经济社会发展战略若干重大问题》指出："优化和稳定产业链、供应链。产业链、供应链在关键时刻不能掉链子，这是大国经济必须具备的重要特征。"中央经济工作会议将强化产业链、供应链自主可控列为2021年经济工作的重点。而稳定供应链，降低供应链风险的重要措施之一，就是企业供应链由集中到分散，降低企业对于少数供应商的依赖（吴军等，2006）。长期以来，我国企业之中普遍存在供应商关系型交易（李增泉，2017；林钟高等，2014）。供应商关系型交易是指企业基于熟悉或信任而将大部分采购集中于少数几个供应商的交易模式（方红星和张勇，2016）。与社会发展阶段相适配的交易模式能有效保护产权，并有效激励生产交换活动（Dixit，2009）。关系型交易模式是外部市场不完善时期，企业寻求交易成本最低的自然选择和自我实施机制（王永钦和李明，2008）。随着经济交易规模和市场范围的扩大，市场化交易模式将替代关系型交易模式成为促进经济增长的更优选择（王永钦，2006）。但是由于关系型交易模式存在自我增强，企业对关系型交易模式容易形成路径依赖（谢冬水，2014）。这无疑不利于市场经济下，我国经济的增长和企业抵御供应链风险能力的提升。因此，探究何种因素会影响企业供应商关系型交易有重要意义。然而已有相关研究大多从专有性资产投资和信号传递角度揭示企业供应商关系型交易带来的经济后果，如企业会计政策选择（Bowen，Duharme 和 Shores，1995）、审计师聘用决策（张敏等，2012）创新绩效（曹伟等，2019）以及现金持有（王勇和刘志远，2016）等。对于供应商关系型交易的影响因素，已有研究普遍认同交易成本的改变，会影响企业关系型交易（刘凤委等，2007；张敏等，2012；Joseph 和 Stijn，2002）。但鲜有研究为此提供直接的经验证据。另外，已有文献大多使用地理位置衡量交易成本，但是地理位置相关研究普遍存在较为严重的内生性问题（赵静等，2018；Kang 和 Kim，2008）。

在当前交通基础设施网络逐步建立的时代背景下，仅以空间距离来度量地理位置已不符合现实，时间距离也是重要因素（王雨飞和倪鹏飞，2016）。“八横八纵”高铁网络的逐步建立是中国交通基础设施跨越式发展的标志性事件。高铁开通大大节约了出行的时间成本，极大促进了人员的跨区域流动（杜兴强和彭妙薇，2017），提高了面对面交流便利性，降低“软信息”获取成本（龙玉等，2017）。根据交易成本理论，信息不对称是交易成本的重要来源（Williamson，1985）。交易模式的选择受到交易成本的约束（Coase，1937）。因此，信息的高效流动，特别是面对面交流获取的“软信息”，有利于降低交易成本，进而降低关系型交易。软信息的内涵比标准化的硬信息更加广泛，信息价值更高（赵静等，2018），能反映企业经营诚信状况、内部治理等（Berger 和 Udell，2002；Liberti 和 Petersen，2019）。因此，“软信息”对缓解企业与供应商交易过程中的信息不对称更为关键。对企业来讲，市场信息和私有信息存在替代作用（杨志强等，2020）。同时，长期稳定且相对密切的关系是获取“软信息”的重要途径（杨丰来和黄永航，2006；Berger 和 Udell，2002）。因此，信息不对称的改变会影响企业供应商关系型交易。高铁开通衍生出信息不对称的改变，为本章探究信息不对称对企业供应商关系型交易的影响提供了自然实验，能够较好地缓解内生性问题，得出更为可靠的研究结论。高铁开通促进了信息的快速流动，降低企业获取供应商“软信息”的成本，使得企业与供应商间信息不对称情况得到缓解，降低了市场化交易成本，从而降低企业供应商关系型交易。

本章立足中国特色企业实践，从我国经济转型现实出发，基于交易成本理论，以中国高铁开通的“准自然实验”为契机，衡量企业与供应商间信息不对称的改变。本章以2003—2019年中国A股上市企业为样本，以企业所在地级市是否开通高铁为判断标准，将样本企业分为处理组和对照组，采用多期双重差分法，从企业供应商关系型交易角度考察高铁对企业交易模式的影响。研究发现，高铁开通使得沿线地区企业供应商关系型交易降低。基于地级市地理特征构建工具变量缓解内生性问题后该结论依然稳健。并且在信息不对称水平较高的情况下，高铁对供应商关系型交易的影响更为显著。此外，本章进一步探究了高铁与企业供应商关系型交易之间的关系在企业特质异质性上的不同表现。研究发现，对于非国有以及市场竞争压力较大的企业，高铁对供应商关系型交易的影响更显著。

基于以上分析，本章从以下几方面对已有研究进行了补充和拓展：第一，已有相关研究大多基于专有性资产投资和信号传递对企业供应商关系型交易的经济后果进行探究。鲜有研究关注供应商关系型交易的影响因素。夏春玉等（2020）提出私人关系将如何受到不同因素影响，仍有待探究。本章从供应链交易角度，为信息不对称与交易模式的关系提供了直接经验证据，补充了关系型交易相关文献，回答了供应商关系型交易“如何发生”这一基本研究问题（田志龙等，2020）。第二，从微观角度，进一步丰富了高铁驱动经济发展的机制。高铁建设对我国经济社会发展具有深远影响，因此探究高铁经济效应有较强的现实启发。本章将宏观层面高铁开通事件与微观企业决策联系起来，对企业经营者和政策制定者都有一定的启发意义。同时，基于信息不对称探究高铁经济后果的文献较多关注资本市场，如股价崩盘（赵静等，2018），分析师预测（杨青等，2019），风险投资（龙玉等，2019）等。尚未有研究关注企业交易模式。本章研究结论支持了高铁通过改善信息不对称情况，有利于促进市场化交易。第三，利用高铁开通衡量信息不对称的改变，同时采用双重差分法，有利于缓解以往研究以地理位置衡量信息不对称而存在的内生性问题。

第二节 文献综述与研究假设

一、企业供应商关系型交易

李增泉（2017）从交易频率、交易性质和制度诱因三方面论述了关系型交易存在的原因。供应商关系型交易是指企业基于熟悉或信任而将大部分采购集中于少数几个供应商的交易模式（方红星和张勇，2016）。已有研究大多关注企业供应商关系型交易的经济后果。总体而言，对于企业，供应商关系型交易是一把“双刃剑”。一方面，供应商关系型交易有利于规避企业与供应商间的高昂交易成本。首先，供应商关系是企业社会网络的重要部分。社会网络可以提供一种有效的私有信息传递渠道（Larcker，So 和 Wang 等，2013）。因此，在信息透明度较低的地区，关系型交易使企业与供应商间的沟通更加顺畅（Allen 和 Babus，2008）。其次，关系型交易下企业大部分采购来源于少数几名信任和熟悉的供应商，企业供应链的复杂度较低，这有利于企业以较小的监督成本对原材料质量进行把控（Bozarth、Warsing、B.B.Flynn 和 E.J.Flynn，2009）。另一方面，供应商关系型交易本质上是企业间的一种非正式关系和非市场化行为。这种隐形契约关系的缔结和维系要求企业进行大量的资产专用性投资（Williamson，1985）。专有性资产存在“可挤占准租金”，且其是否给企业造成实际损失很大程度上取决于对方的交易意愿和能力（Coleman，1998）。一旦供应商单方面终止交易，企业会因较高的转换成本（Shahrur 和 Raman，2008）而面临严峻的经营考验。此外，供应商关系型交易导致企业在较高程度上依赖现有供应商，供应商取得较强议价能力，甚至取得绝对控制力（Dowlatshahi，1999），使企业在与供应商的博弈中处于弱势地位，增加供应商“敲竹杠”的动机，进而侵蚀企业的利益。因此，供应商关系型交易常常伴随着较高的企业经营风险（鲍群和赵秀云，2016），并对企业获取商业信用（马黎珺等，2016），会计信息质量水平和稳健性（程敏英等，2019；林钟高等，2014；张敏等，2012；Dou，

Hope 和 Thomas，2013；Shahrur 和 Raman，2008）以及企业创新绩效和业绩（任莉莉和张瑞君，2019；唐跃军，2009）都有负面影响。

此外，交易模式还与经济增长存在密切的联系（Kumar 和 Matsusaka，2009）。在经济发展早期，关系型治理是一种高效的治理模式。企业可以通过社会关系网络应对信息不对称，降低交易成本，进而提升社会经济效益（谢冬水，2014）。但是随着中国市场经济的建立，市场化交易将取代关系型交易成为与已有发展阶段更加适配的交易模式（王永钦，2006；谢冬水，2014）。North（2009）指出从鼓励关系型交易转向鼓励市场化交易，是推动一国经济与社会发展的根本。

综上，已有文献主要关注企业供应商关系型交易的经济后果，而忽略了对于“如何发生”这一基本研究问题的回答（田志龙等，2020）。虽然已有研究普遍认同供应商关系型交易作为一种基于“私人履约机制”构建的人格化交易行为，是转轨经济体企业规避高昂交易成本的现实选择（林钟高等，2014；王永钦和李明，2008）。然而已有文献中对于交易成本影响企业与供应商间交易模式选择的分析，主要停留在理论层面，缺少相应实证证据的支持。

二、信息不对称与企业供应商关系型交易

从交易成本角度来说，交易成本最小化是企业一切组织行为的最终目标（Williamson，1985）。当市场制度无法为公开交易机制提供保障时，市场交易变得不经济，此时会出现替代的私人交易机制，如社会关系（Peng，2003）交易成本体现在多个方面，如搜寻、谈判、监督等，信息不对称是交易成本的重要来源（Williamson，1985）。Claessens（2002）发现关系网络常常作为中国企业减少监督和谈判成本的选择。供应商关系型交易的内在逻辑在于企业通过社会关系网络获取私有信息（Larcker 等，2013），弥补市场公开信息质量较低带来的信息不对称缺陷，实现交易成本最小化。

Liberti 和 Petersen（2019）将信息划分为“软信息”和“硬信息”。硬信息是指以量化的形式存在的，容易被记录、储存和以电子的形式传递的信息。而软信息是指不易量化的，主观性强，其主要包含企业家品德、企业市场信誉和

经营诚信等，对于判断交易风险更为关键（池仁勇和朱张帆，2020；Coval 和 Moskowitz，1999；Grunert，Norden 和 Weber，2005）。已有研究表明，软信息对于企业贷款违约（Altman，Iwanicz，Laitinen 和 Suvas，2017）和破产（Agarwal 和 Hauswald，2010）的预测有重要作用。但是软信息传递过程中易受到噪声的影响，长链条传递易造成信息失真，通常需要依靠人际交往获得（Uysal，Kedia 和 Panchapagesan，2008）。因此，虽然现代信息技术和网络快速发展，使硬信息的获取成本大幅下降，但是却无法有效缓解软信息不对称情况。尤其是中国幅员辽阔，地理空间对于软信息流动的阻碍作用更为明显。

从委托代理理论角度，作为理性的“经济人”，供应商的行为目标是实现自身利益最大化。在市场不完善，信息不对称程度较高时，供应商作为具有信息优势的一方，有动机采取机会主义行为来获取自身利益最大化。这种机会主义行为主要表现为逆向选择和道德风险两类（张维迎，1996）。在搜寻阶段，企业与供应商往往存在较为严重的信息不对称（饶品贵等，2019）。供应商可以利用信息优势伪装自己的实力或者虚报高价。在签订合作契约后，供应商可能为了提高利润而生产低质量产品。法律等正式制度的不完善，使供应商“敲竹杠”和违约行为得不到有效惩戒，造成企业的利益受损（卢闯等，2013）。因此，企业为降低交易风险，会通过实地调研等方式获取公开市场信息以外的信息，来对供应商进行更准确的判断。这些额外的信息搜索工作，使企业承担高昂的交易成本（Stigler，1961）。对企业来讲，市场信息和私有信息存在替代作用（杨志强等，2020）。同时，长期稳定且相对密切的关系是获取“软信息”的重要途径（Berger 和 Udell，2002；杨丰来和黄永航，2006）。陈键（2008）发现银行借助“关系型信贷”来收集判断企业违约风险的“软信息”。因此，信息不对称会导致企业寻求供应商关系型交易，而信息不对称情况的缓解会激励市场化交易。

已有研究主要基于地理位置来衡量信息不对称。经济主体间地理位置邻近能够显著降低信息不对称程度（杜立等，2020）。地理邻近提高了投资者获取信息的价值，降低了搜寻和监督成本。但是地理位置研究普遍伴随较为严重的内生性问题（赵静等，2018；Kang 和 Kim，2008）。对于企业来讲，高铁开通带来的信息不对称的缓解是宏观层面的外生事件（陈婧和方军雄，2020）。因此，本章以高铁开通这一“准自然”实验为契机，衡量交易成本和信息不对称的改变，以有助于缓解内生性问题，得出更为准确的研究结论。

三、高铁开通、信息不对称与企业供应商关系型交易

关系型交易模式是外部市场不完善、信息不对称时，企业寻求交易成本最低的自然选择和自我实施机制（王永钦和李明，2008）。信息，特别是“软信息”的流动与交通基础设施的发展有着密切的联系（黄张凯等，2016）。高铁是中国交通基础设施实现跨越式发展的标志。已有研究发现高铁提升了城市的可达性（Murayama，1994）和全要素生产率（孙广召和黄凯南，2019），具有就业效应（董艳梅和朱英明，2016），并且有利于区域创新（叶德珠等，2020）。微观企业层面研究表明，高铁对于企业创新（吉赟等，2020；诸竹君等，2019）、高层次人才流动（杜兴强和彭妙薇，2017）、全要素生产率提升（张梦婷等，2018）等也有显著影响。

此外，高铁主要功能为客运。并且相比于高速公路或普通铁路，高铁具有速度优势；相比于航空，高铁网络密度更大。因此，高铁开通带来最直接的效应就是极大促进了人的跨区域流动，便利了面对面的交流沟通。这对企业和供应商之间的交易有重要影响。Bernard，Moxnes 和 Saito（2019）发现日本新干线的开通使企业间面对面交流机会增加，有利于企业采购效率的提升。饶品贵等（2019）发现中国高铁开通促进企业选择更远距离供应商，优化供应商分布。但已有研究尚未关注高铁带来信息不对称的改变对于企业与供应商间交易模式的影响。

高铁改变市场交易成本约束而影响企业交易模式。高铁所具有的“时空压缩效应”节约了出行的时间成本，提升了城市的可达性（Murayama，1994），便利了企业对于供应商的实地调研和考察，降低了企业获取供应商“软信息”的成本（龙玉等，2017；黄张凯和刘津宇，2016），有利于交易成本的降低。一方面，从搜寻成本角度，高铁使企业与供应商间的信息不对称得到缓解，有利于

企业以较低的搜寻成本找到匹配的供应商。另一方面，从监督成本角度来看，高铁带来的信息流动使供应商采取机会主义行为的难度上升，进而降低企业监督成本。因此，高铁开通带来信息不对称的缓解，降低交易成本，进而激励企业由供应商关系型交易转向市场化交易。基于上述分析，本章认为高铁开通会降低企业供应商关系交易。据此本章提出第一个假设：

假设 1：高铁开通会降低企业供应商关系型交易。

高铁开通促进区域间交流沟通，引起信息不对称的改变，进而改变企业与供应商间的交易模式。因此，在信息不对称程度较高的情况下，高铁开通对于企业与供应商间的信息不对称缓解更为明显，使得交易成本降低程度更大，对于企业供应商关系型交易的影响也更为显著。据此本章提出第二个假设：

假设 2：在信息不对称程度较高的情况下，高铁开通对企业供应商关系型交易的影响更显著。

不同产权性质的企业对于信息成本的改善敏感度显著不同。产权性质会影响信息不对称与企业交易模式间的关系。在我国，国有企业在获取资源方面具有优势（Peng 和 Luo，2000），契约执行环境对于国有企业的约束较小（卢闯等，2013）。因此国有企业决策并不仅仅建立在交易成本最低的标准上，还会受到其他因素的影响（曾庆生和陈信元，2006）。因此，外部环境改变衍生出的交易成本降低，对于国有企业交易模式的影响可能并不明显。而非国有企业的决策中股东自担公司经营后果和风险（刘启亮，2012）。非国有企业为了实现利润最大化，大多基于经济逻辑，根据外部环境变化来调整交易模式。因此，当高铁带来市场信息不对称缓解时，非国有企业降低企业供应商关系型交易的动机更强。据此提出本章第三个假设：

假设 3：与国有企业相比，高铁开通对非国有企业供应商关系型交易的影响显著。

企业市场竞争压力也会影响信息不对称与企业交易模式之间的关系。一方面，企业供应商关系型交易存在一定的路径依赖（吴剑峰等，2016；谢冬水，2014）。另一方面，文化、习俗和礼仪等嵌入机制作为非正式制度，对于企业交易行为有重要影响（Williamson，2000）。已有研究普遍认同中国企业置身于市场经济伦理和传统文化的两重伦理格局中，且均会对企业行为造成约束（陆晓禾，2001；夏春玉等，2020）。一方面，关系型交易是信息不对称水平较高时，企业基于市场经济伦理的自利原则的选择。另一方面，关系型交易也根植于中国深厚的“关系本位”社会文化。高铁开通改善了沿线地区的市场环境，但是难以改变有较强稳定性和粘性的社会习俗文化。

当企业面对的市场竞争压力较小时，企业可能没有足够动机来调整交易模式。而较高的市场竞争压力意味着企业的外部经营风险较大（Gaspar 和 Massa，2006）。当市场竞争压力较大时，企业会更有动力应对外部经营环境的改变，采取低成本和低经营风险的战略，以增加盈利能力和强化竞争优势（饶品贵等，2019），此时企业会积极改变以适应市场环境，选择交易成本低的交易模式。因此，当高铁使信息不对称改变时，市场竞争压力高的企业更有动机降低供应商关系型交易。据此提出本章第四个假设：

假设 4：与市场竞争压力小的企业相比，高铁开通对市场竞争压力大的企业供应商关系型交易的影响显著。

第三节 研究设计

一、样本选择与数据来源

本章以 2003—2019 年 A 股上市公司为研究样本，对数据进行如下处理：（1）剔除金融类公司；（2）剔除主要变量严重缺失样本后，最终得到 23 037 个公司—年度观测值。为避免极端值影响，本章对所有连续变量进行上下 1% 分位 winsorize 缩尾处理。

本章依据《高速铁路设计规范》的定义，认为高速铁路为设计开行时速为 250 公里以上（含预留）、初期运营时速 200 公里以上的客运铁路专线。2008 年开通的京津城际铁路为中国第一条高速铁路。本章高铁站点数据来源于中国国家铁路集团有限公司网站，并通过《中国铁道年鉴》获取高铁站点开通时间实际年份信息，对于年鉴中未披露信息进行手工搜集补充。上市公司供应商数据和控制变量均来源于 CSMAR 数据库和 RESSET 金融研究数据库。

二、变量定义

（一）供应商关系型交易（*Sup*）

本章依据已有研究（方红星、张勇，2016；林钟高等，2014；Banerjee，Dasgupta 和 Kim，2008），采用企业前五大供应商采购额占年度总采购额比例来衡量供应商关系型交易，该指标越大，表明企业供应商关系型交易程度越高。

（二）高铁开通（*Hsr* × *After*）

该指标用“是否通高铁（*Hsr*）”与“通车前后（*After*）”的交乘项表示。若企业所在地级市在观测期内开通高铁则 *Hsr* 取值为 1，否则取值为 0；若报告年份为高铁开通当年及之后年份，则 *After* 取值为 1，否则取值为 0。

（三）控制变量

本章还控制了企业规模（*Size*）、企业年龄（*LnAge*）、资产负债率（*Lev*）、总资产收益率（*Roa*）、监事会规模（*Spv*）、前十大股东持股比例（*Tshr*）、营业收入增长率（*Growth*）、两职合一（*Both*）以及企业景气指数（*Boom*）。

主要变量定义与计算，具体见表 7－1。

表 7－1　　　　变量定义

变量名称	变量符号	变量指标测度方法
供应商关系型交易	*Sup*	企业前五大供应商采购额占年度总采购额比例
高铁开通	*Hsr* × *After*	“是否通高铁（*Hsr*）”与“通车前后（*After*）”的交乘项
企业规模	*Size*	期末总资产的自然对数
企业年龄	*LnAge*	企业成立年限的自然对数
资产负债率	*Lev*	期末总负债与总资产的比率
总资产收益率	*Roa*	期末净利润与总资产的比率
监事会规模	*Spv*	监事人数
前十大股东持股比例	*Tshr*	年末前十名股东持股数与总股数的比率
营业收入增长率	*Growth*	（本年营业收入－上年营业收入）/上年营业收入

续表

变量名称	变量符号	变量指标测度方法
两职合一	*Both*	哑变量，董事长兼任总经理取 1，否则取 0
企业景气指数	*Boom*	中国证券基金保护网及中国国家景气监测中心发布的权威信心指数

三、模型设计

为探究高铁通车对企业供应商关系型交易影响的净效应，本章采用双重差分法（Difference-in-differences，DID）进行回归，将已开通高铁地级市的企业作为处理组，未开通高铁地级市的企业作为对照组，同时控制企业固定效应和年份固定效应，具体模型如下：

$$Sup_{i,c,t}=\beta_0+\beta_1 Hsr\times After_{c,t}+\beta_2 X_{i,c,t}+\delta_t+\varphi_i+\varepsilon_{i,t} \qquad (7-1)$$

其中，$Sup_{i,c,t}$表示第 t 年度，所在地为地级市 c 的上市公司 i 的供应商关系型交易程度；$Hsr_{c,t}\times After_{c,t}$为本章关键解释变量，表示地级市 c 在第 t 年度是否已有高铁开通的哑变量；$X_{i,c,t}$表示控制变量；δ_t表示年份固定效应；φ_i表示企业固定效应；$\varepsilon_{i,t}$表示随机扰动项。

第四节　实证结果分析

一、描述性统计

表 7－2 报告了本章主要变量的描述性统计结果。表 7－2 显示，样本期内 *Sup* 的均值为 0.36，最大值为 0.96，表明样本企业存在较高程度的供应商关系型交易。此外，$Hsr\times After$ 的均值为 0.69，表示高铁开通之后的观测值大约为 69%，与以往研究描述基本一致（饶品贵等，2019）。

表 7-2　　描述性统计

变量	观测值	均值	标准差	最小值	中位数	最大值
Sup	23 037	0.357	0.210	0.047	0.309	0.961
Hsr × After	23 037	0.691	0.462	0.000	1.000	1.000
Size	23 037	12.738	1.257	10.235	12.579	16.620
LnAge	23 037	2.744	0.399	1.609	2.833	3.466
Lev	23 037	0.441	0.210	0.057	0.433	0.980
Roa	23 037	0.031	0.074	-0.371	0.034	0.193
Spv	23 037	3.604	1.071	2.000	3.000	7.000
Tshr	23 037	58.590	14.727	23.380	59.730	89.620
Growth	23 037	0.391	1.092	-0.778	0.137	8.009
Both	23 037	0.295	0.456	0.000	0.000	1.000
Boom	23 037	122.789	8.479	107.000	122.800	143.600

表 7-3 报告了所有变量的 Pearson 相关系数，显示企业供应商关系型交易（*Sup*）与企业所属地级市是否开通高铁的变量（*Hsr × After*）在 1% 的统计水平上显著负相关，初步支持了假设 1。绝大多数企业层面控制变量也与企业供应商关系型交易（*Sup*）显著相关，说明了本章模型中控制这些变量的必要性。此外，大部分变量间相关系数均小于 0.5，并且方差膨胀因子均在 1.63～1.01 之间，均值为 1.32，小于判断临界值 10，说明不存在严重的多重共线性问题。

表 7-3　　相关系数矩阵

	Sup	*Hsr × After*	*Size*	*LnAge*	*Lev*	*Roa*	*Spv*	*Tshr*	*Growth*	*Both*	*Boom*
Sup	1										
Hsr × After	-0.07***	1									
Size	-0.21***	0.22***	1								
LnAge	-0.01**	0.45***	0.26***	1							
Lev	-0.08***	-0.13***	0.36***	0.06***	1						
Roa	-0.05***	0.04***	0.06***	-0.06***	-0.37***	1					
Spv	-0.02***	-0.23***	0.17***	-0.10***	0.18***	-0.01*	1				

续表

	Sup	Hsr×After	Size	LnAge	Lev	Roa	Spv	Tshr	Growth	Both	Boom
Tshr	-0.03***	0.04***	0.10***	-0.22***	-0.13***	0.23***	-0.01**	1			
Growth	0.04***	0.05***	0.02***	0.06***	0.07***	0.01	-0.03***	-0.00	1		
Both	0.02***	0.15***	-0.09***	0.05***	-0.11***	0.01	-0.18***	0.04***	-0.00	1	
Boom	0.04***	-0.50***	-0.18***	-0.38***	0.11***	-0.01	0.16***	0.01*	-0.02***	-0.10***	1

注：***、**、*分别代表 1%、5% 和 10% 的显著性水平。

二、基准回归结果

为考察高铁对于企业供应商关系型交易的影响，本章依照式（7-1）中的双重差分模型进行实证检验，模型（2）是在模型（1）基础上加入了控制变量的回归分析。表 7-4 报告了回归结果，显示 *Sup* 的回归系数为-0.010，并且在 5% 的统计水平下显著为负(p=0.033)，表明高铁开通显著降低了企业供应商关系型交易。假设 1 得到验证。此外，*Size* 也与 *Sup* 显著负相关，说明规模较大的企业由于生产经营活动更为复杂，其供应商分布也更为分散（Bernard 等，2019）。

表 7-4　　　　基准回归

	(1)	(2)
	Sup	Sup
Hsr×After	-0.008*	-0.010**
	(-1.80)	(-2.14)
Size		-0.048***
		(-24.64)
LnAge		-0.067***
		(-5.83)
Lev		-0.005
		(-0.57)
Roa		0.017
		(1.10)

续表

	（1）	（2）
	Sup	*Sup*
Spv		-0.006^{***}
		（-3.08）
Tshr		0.001^{***}
		（4.13）
Growth		0.001
		（1.31）
Both		0.009^{***}
		（3.07）
Boom		-0.010^{***}
		（-8.94）
常数项	0.383^{***}	2.429^{***}
	（75.41）	（13.80）
公司固定效应	控制	控制
时间固定效应	控制	控制
N	23 037	23 037
R^2	0.010 2	0.048

注：括号内的数值为 t 值；*、**、***分别表示在 10%、5% 和 1% 的统计水平下显著，以下各表同。

三、动态效应检验

双重差分模型的基本假设是在事件（政策）时间点之前处理组和对照组的变化趋势相似，即平行趋势假设，否则事件（政策）的影响可能会被高估或低估。为验证平行趋势假设，本章参考 Serfling（2016）的方法，在多期双重差分法模型中考察高铁开通对供应商关系型交易的动态效应。

本章构建 Pre3、Pre2、Pre1、Current、Post1、Post2、Post3 七个年份虚拟变量，分别表示高铁开通前 3 年、前 2 年、前 1 年、当年、后 1 年、后 2 年和后 3 年。然后将这七个年份虚拟变量与 *Hsr* 相乘，并替换式（7－1）中的 $Hsr \times After$ 进行回归。

表 7－5 报告了高铁对供应商关系型交易的动态效应的结果。表 7－5 显示高铁开通变量（*Hsr*）与高铁开通之前的三年（Pre3、Pre2、Pre1）的虚拟变量交乘项系数均不显著，平行趋势假设得以验证。此外，Hsr × Current 的系数在 5% 的统计水平下显著为负，表明高铁开通对供应商关系型交易的影响在高铁开通当年就显现，并且有一定的持续效应。

表 7－5　　动态效应

	(1)
	Sup
$Pre_3 \times Hsr$	－0.002
	(－0.36)
$Pre_2 \times Hsr$	0.001
	(0.21)
$Pre_1 \times Hsr$	－0.011
	(－1.64)
$Current \times Hsr$	－0.016**
	(－2.21)
$Post_1 \times Hsr$	－0.012*
	(－1.66)
$Post_2 \times Hsr$	－0.011
	(－1.57)
$Post_3 \times Hsr$	－0.014**
	(－1.96)
Controls	控制
公司固定效应	控制
时间固定效应	控制
N	23 037
R^2	0.048

注：限于篇幅未报告控制变量回归结果，以下各表同。

四、工具变量回归结果

由于企业层面变量影响高铁修建的可能性较小，因此由双向因果带来内生性问题的概率较小。但城市高铁开通可能存在非随机性问题，因此本章进一步通过工具变量法处理，以减轻由于遗漏变量带来的内生性问题。本章借鉴刘冲、周黎安（2014），吉赟、杨青（2020）以及 Duflo 和 Pande（2007）的研究采用地级市地理坡度作为工具变量。地理坡度越大，修建高铁成本越高（Jong 和 Schonfeld，2003），即地理坡度与开通高铁的可能性负相关。同时，地理坡度不会直接影响企业供应商关系型交易。因此选取地理坡度作为工具变量可以同时满足相关性和外生性要求。此外，由于地理坡度不随时间变化，因此本章将其与年份虚拟变量（2008—2019 年）的交乘项进行回归。

表 7－6 报告了工具变量法的回归结果，列（2）显示 *Hsr*×*After* 与 *Sup* 在 10% 显著水平下负相关（$\beta=-0.035$，$p=0.065$），与基准回归结果一致。列（1）显示了第一阶段的回归结果，实证结果表明地理坡度与高铁开通显著负相关，与本章前述一致。此外，第一阶段回归中 F 统计量为 102.117，大于 10% 水平下识别弱工具变量的临界值，表明本章工具变量的有效性，且 Sargan 检验统计量为 14.121，p 值为 0.167 6，通过了工具变量的外生性检验。

表 7－6　　　　工具变量

	（1）	（2）
	Hsr×*After*	*Sup*
Hsr×*After*		－0.035*
		（－1.85）
lv6	－0.059***	
	（－4.82）	
lv7	－0.094***	
	（－5.11）	
lv8	－0.104***	
	（－5.63）	
lv9	－0.253***	
	（－16.87）	
lv10	－0.278***	
	（－24.93）	

续表

	(1)	(2)
	Hsr × After	*Sup*
lv11	-0.276^{***}	
	(−25.04)	
lv12	-0.165^{***}	
	(−16.75)	
lv13	-0.096^{***}	
	(−11.21)	
lv14	-0.093^{***}	
	(−11.15)	
lv15	-0.103^{***}	
	(−12.40)	
lv16	-0.093^{***}	
	(−11.18)	
常数项	10.913^{***}	
	(41.28)	
Controls	控制	控制
公司固定效应	控制	控制
时间固定效应	控制	控制
N	22 961	22 846
R^2	0.712	0.047

五、作用机制检验

高铁带来信息不对称水平的改变，进而影响企业供应商关系型交易。本章通过考察在不同信息不对称情况下，高铁对于企业供应商关系型交易的影响差异，来验证上述机制。本章借鉴 Qin（2017）的研究，选取地区初始铁路交通禀赋来反映地区信息不对称水平。考虑到 2008 年之后中国开始大规模修建高速铁路网络，本章通过手工整理，以 2008 年之前，企业所在地是否开通普通客运铁路为判断标准，构造企业所在地信息不对称水平的哑变量。若 2008 年以前企业所在地已经开通普通客运铁路，则企业所在地信息不对称程度会较低。首先，普通客运铁路虽然在速度和安全性上较高铁差，但是作为客运交通工具，普通客运铁路与高铁存在一定替代关系（Qin，2017），也具有促进地区间人员流动，进而缓解地区间信息不对称的作用（施震凯等，2018）。其次，交通基础设施的修建并非完全随机，政府会优先选择发展水平较高、市场环境好的地区修建交通基础设施（张梦婷等，2018）。因此，普通客运铁路的修建在一定程度上可以反映地区的信息不对称水平。

若高铁通过缓解市场信息不对称来影响企业供应商关系型交易，那么高铁开通后，相比于信息不对称水平较低地区的企业，信息不对称水平较高地区的企业供应商关系型交易降低更显著。

表 7－7 报告了两组子样本的分别回归结果，显示 *Hsr*×*After* 的系数仅在企业所在地初始交通禀赋较差的子样本中显著，即高铁开通使信息不对称水平较低地区的企业供应商关系型交易降低。这表明，高铁通过缓解企业与供应商间信息不对称，进而降低了企业供应商关系型交易。假设 2 得到验证。

表 7－7　　　　信息不对称水平

	信息不对称水平低	信息不对称水平高
	Sup	*Sup*
Hsr×*After*	0.004	－0.015***
	（0.45）	（－2.75）
Size	－0.039***	－0.057***
	（－14.17）	（－20.63）
LnAge	－0.058***	－0.081***
	（－3.57）	（－4.88）
Lev	－0.017	0.006
	（－1.42）	（0.47）
Roa	－0.006	0.040*
	（－0.28）	（1.82）
Spv	－0.010***	－0.001
	（－3.99）	（－0.21）
Tshr	0.000**	0.001***
	（2.43）	（3.53）

续表

	信息不对称水平低	信息不对称水平高
	Sup	*Sup*
Growth	-0.000	0.003**
	(-0.22)	(2.11)
Both	0.011**	0.008*
	(2.48)	(1.77)
Boom	-0.006***	-0.013***
	(-3.96)	(-8.28)
常数项	1.846***	2.950***
	(7.29)	(11.68)
公司固定效应	控制	控制
时间固定效应	控制	控制
N	12 372	10 665
R^2	0.040	0.062

六、异质性检验

上述研究结论支持了高铁对于企业供应商关系型交易的负向影响。但是从企业特质角度，由于供应链交易决策属于企业战略决策的一部分，可能存在路径依赖，因此企业最终对于供应链交易决策的改变取决于其对成本与收益的权衡。当高铁带来信息不对称的改变时，不同产权性质和外部市场竞争的企业改变交易模式的动机不同。对此，本章分别从上述两方面因素对样本进行分组检验，进一步揭示其作用机制。

（一）产权性质

本章以实际控制人为判断标准，将样本企业分为国有企业和非国有企业两组。表 7-8 报告了对上述两组子样本分别回归的结果。本章发现，在国有企业组中，$Hsr \times After$ 系数不显著；而在非国有企业组中，$Hsr \times After$ 系数在 1% 统计水平下显著。这表明，高铁对于企业供应商关系型交易的影响更显著存在于非国有企业中。假设 3 得到验证。

表 7-8　　产权性质

	国有企业	非国有企业
	Sup	*Sup*
Hsr × *After*	0.007	-0.022***
	(1.07)	(-3.71)
Size	-0.049***	-0.049***
	(-13.92)	(-19.27)
LnAge	-0.054***	-0.043**
	(-3.18)	(-2.33)
Lev	-0.041***	0.016
	(-2.71)	(1.42)
Roa	0.008	0.026
	(0.25)	(1.45)
Spv	-0.001	-0.010***
	(-0.51)	(-3.00)
Tshr	0.000	0.001***
	(1.26)	(4.43)
Growth	-0.000	0.002
	(-0.26)	(1.49)
Both	0.001	0.010***
	(0.21)	(2.82)
Boom	-0.008***	-0.009***
	(-4.50)	(-5.34)
常数项	2.127***	2.247***
	(7.92)	(8.37)
公司固定效应	控制	控制
时间固定效应	控制	控制
N	8 704	14 333
R^2	0.047	0.050

（二）市场竞争

勒纳指数体现了企业的定价能力。定价能力较低意味着企业面临的外部市场竞争更为激烈，需要通过低价来增加竞争优势。因此，本章以每年企业的勒纳指数均值，将企业分为低市场竞争压力和高市场竞争压力两组子样本，并分组进行回归。表 7－9 报告了回归结果，显示在低市场竞争压力组中，Hsr × After 系数不显著。在高市场竞争压力组中，*Hsr* × *After* 系数在 10% 统计水平下显著为负。这表明，在市场竞争压力较高时，高铁对企业供应商关系型交易的影响更显著。假设 4 得到验证。

表 7－9　　　　市场竞争

	低市场竞争压力	高市场竞争压力
	Sup	*Sup*
Hsr × *After*	－0.003	－0.010*
	（－0.42）	（－1.72）
Size	－0.048***	－0.051***
	（－11.60）	（－20.99）
LnAge	－0.021	－0.085***
	（－0.90）	（－5.77）
Lev	－0.001	－0.008
	（－0.07）	（－0.76）
Roa	0.001	0.040**
	（0.03）	（2.15）
Spv	－0.004	－0.005*
	（－0.99）	（－1.91）
Tshr	0.001***	0.000*
	（2.67）	（1.91）
Growth	0.002	0.001
	（1.18）	（0.57）
Both	0.005	0.006*
	（0.89）	（1.70）
Boom	－0.004*	－0.013***
	（－1.75）	（－9.01）
常数项	1.516***	2.855***
	（4.29）	（12.89）
公司固定效应	控制	控制
时间固定效应	控制	控制
N	8 127	14 910
R^2	0.048	0.051

七、稳健性检验

（一）剔除中心城市

交通基础设施的规划会考虑地区的经济基础（戴学珍等，2016），因此中心城市的高铁开通存在一定的非随机性问题。为缓解这一问题，本章采用剔除中心城市的样本重新进行回归。其中“中心城市”是指国家发展和改革委员会以及住房和城乡建设部先后确定的九个国家级中心城市（包括北京、天津、上海、广州、重庆、成都、武汉、郑州、西安）。表 7－10 报告的回归结果显示，剔除中心城市后，*Hsr*×*After* 的系数依然显著为负（$\beta=-0.012$，$p=0.010$）。

表 7－10　　外围城市

	（1）
	Sup
Hsr×*After*	－0.013***
	（－2.70）
Size	－0.051***
	（－22.95）
LnAge	－0.092***
	（－7.04）
Lev	0.015
	（1.58）
Roa	0.037**
	（2.08）
Spv	－0.008***
	（－3.46）
Tshr	0.000***
	（3.33）
Growth	0.002
	（1.32）
Both	0.005
	（1.56）

续表

	(1)
	Sup
Boom	−0.013***
	(−10.25)
常数项	2.927***
	(14.62)
企业固定效应	控制
时间固定效应	控制
N	16 947
R^2	0.053

（二）安慰剂检验

本章进一步通过安慰剂检验，以缓解可能存在的某些不可观测因素对本章实证结果造成的系统性误差。具体地，本章借鉴饶品贵等（2019）利用高铁实际开通年份前的第三年和第四年构造“伪高铁开通”时间点（*Hsr*3、*Hsr*4）作为安慰剂，重新代入式（7－1）进行回归。如果高铁开通与企业供应商关系型交易存在因果关系，那么在“伪高铁开通”时间点应无法观察到企业供应商关系型交易的显著变化。表 7－11 报告了相关回归结果。回归结果显示“伪高铁开通”时间点变量（*Hsr*3、*Hsr*4）的估计系数不显著，排除了系统误差对估计结果的干扰，表明高铁开通的确能够降低企业供应商关系型交易。

表 7－11　　安慰剂检验

	(1)	(2)
	Sup	*Sup*
*Hsr*3	−0.005	
	(−1.11)	
*Hsr*4		−0.006
		(−1.37)
Size	−0.048***	−0.048***
	(−24.65)	(−24.66)

续表

	(1)	(2)
	Sup	*Sup*
LnAge	−0.067***	−0.067***
	(−5.77)	(−5.77)
Lev	−0.005	−0.005
	(−0.57)	(−0.57)
Roa	0.017	0.017
	(1.10)	(1.10)
Spv	−0.006***	−0.006***
	(−3.07)	(−3.07)
Tshr	0.001***	0.000***
	(4.13)	(4.12)
Growth	0.001	0.001
	(1.30)	(1.30)
Both	0.009***	0.009***
	(3.07)	(3.06)
Boom	−0.010***	−0.010***
	(−8.59)	(−8.69)
常数项	2.380***	2.391***
	(13.47)	(13.57)
企业固定效应	控制	控制
时间固定效应	控制	控制
N	23 037	23 037
R^2	0.048	0.048

第五节 结论与讨论

一、研究结论

本章从交易成本理论角度，考察高铁开通所导致的信息不对称的改变对于企业供应商关系型交易的影响。研究发现，企业所在地级市开通高铁后，企业供应商关系型交易降低。并且基于地级市地理特征构建工具变量缓解内生性问题后该结论依然稳健。此外，在信息不对称程度较高的情况下，高铁对供应商关系型交易的影响更显著；基于企业特质的横截面分析发现，对于非国有以及市场竞争压力较大的企业，高铁对供应商关系型交易的影响更显著。本章研究结论表明，高铁等交通基础设施是促进信息流动的重要载体，尤其对于缓解市场经济体制下经济主体间信息不对称情况有重要作用。但是上述效应的作用效果与企业本身特质息息相关。同时本章实证结果凸显了软信息对于企业交易模式选择和中国市场化改革的重要作用。

二、理论贡献

第一，本章研究结论表明了信息不对称对企业供应商关系型交易存在影响，回应了企业供应商关系型交易“如何发生”的基本研究问题（田志龙等，2020），补充了关系型交易的相关研究。已有研究大多关注供应商关系型交易的经济后果。尚未通过实证研究，对“如何发生”这一基本研究问题做出充分回答。夏春玉等（2020）提出私人关系将如何受到不同因素影响，仍有待探究。本章通过实证研究对信息不对称与企业供应商关系型交易的关系进行检验，不仅丰富了本土化情景下的研究，也试图对于何种因素会影响企业供应商关系型交易给出回答，一定程度上补充了关系型交易的研究框架。

第二，本章丰富了高铁引起信息不对称改变而带来的经济后果的研究。已有文献普遍认同高铁开通会引起信息有效流动，缓解信息不对称（龙玉等，2017；黄张凯等，2016）。但是已有研究大多关注这一效应对于资本市场的影响（龙玉等，2019；杨青等，2019）。对于企业与供应商间的交易，已有研究大多基于交通运输成本考虑供应商分布决策（饶品贵等，2019）。鲜有研究考察高铁带来的信息不对称改变，对于交易模式改变的影响。本章研究结论表明，高铁促进信息流动，对于缓解信息不对称，进而降低企业间关系型交易行为，促进市场化交易也有重要作用。

第三，本章利用双重差分法，以高铁开通这一“错层准自然实验”为契机，衡量经济主体间信息不对称情况的改变，能够较好地缓解以往研究基于地理位置来衡量信息不对称所带来的内生性问题（赵静等，2018；Kang 和 Kim，2008），提供更为可靠的经验证据。

第六节 对“一带一路”沿线国家的启示

中国高铁运输里程持续延伸，为各城市、区域打开互联互通的便捷通道，也为人们的工作、生活带来了诸多改变。在高铁的带动下，中国一小时、两小时的城市圈相继呈现，让人们不再空想于“说走就走”的期望，推动人们出行的脚步向着“想往哪走，便往哪走”的方向迈进。人民生活、企业经营、地区发展都因为高铁的“时空压缩效应”而深深受益。

与此同时，中国高铁的发展不仅惠及中国人民的生活，也凭借其拥有完全自主知识产权的多项技术，凭借其高效、安全、绿色的特性，成为中国新的“外交名片”之一。中国铁路发展需要走向世界，而世界的发展也需要中国铁路。“一带一路”倡议自提出以来，已经成为当今世界深受欢迎的国际公共产品和国际合作平台。放眼全球，中国铁路“走出去”也为“一带一路”建设奉献了强大的助力。随着“一带一路”倡议的持续推进，雅万高铁、麦麦高铁、匈塞铁路等越来越多的中国铁路在亚洲、欧洲、非洲等地区落地生根，纵横交错的高铁网络在深刻地改变着当地人们的生活，极大缓解了当地交通压力，开启了当地交通发展新篇章，也为地区经济发展注入活力。中国铁路不仅为世界铁路确立了新的“中国标准”，更随着其加速拓展的铁路网络，逐步打破地区封闭，把世界联成一个更紧密的整体。

从本章研究来看高铁网络的铺设和建成对“一带一路”沿线国家主要有以下几点启示：

第一，高铁主要功能为客运。并且相比于高速公路或普通铁路，高铁具有速度优势；相比于航空，高铁网络密度更大，更为便捷。因此，高铁开通带来最直接的效应就是极大地促进了人的跨区域流动，区域可达性的提高便利了面对面的交流沟通。而人员的流动带来了信息的流动，有效缓解了区域间的信息不对称。信息流动，尤其是“软信息”的流动，极大地降低了企业的交易成本，进而对降低供应商关系集中度产生显著影响。因此，本章研究结论表明，缓解软信息不对称，降低信息成本对于推进要素市场化配置有重要作用。尤其对于信息不对称较为严重的地区，缓解信息不对称对企业转向市场化交易有更为显著的影响。因此，“一带一路”沿线国家应将促进信息流动和降低信息，尤其是软信息的获取成本，作为改善当地企业交易成本高昂，促进地区间贸易和投资便利化，深入推进市场化发展的重要途径。

第二，互联网等通信工具的发展便利了信息传递，贸易往来中的基础信息交流对贸易的阻碍效应在不断弱化，但其主要降低了硬信息的获取成本，无法替代面对面交流获取的软信息对于企业决策的重要作用。软信息是指不易量化的，主观性强，其主要包含企业家品德、企业市场信誉和经营诚信等，对于降低企业交易风险具有不可替代的作用。但是软信息传递过程中易受到噪声的影响，长链条传递易造成信息失真，通常需要依靠人际交往获得。因此，“一带一路”沿线国家地方政府可以通过出台相应政策或者搭建平台，为地区间甚至国家间的企业提供交流的机会，鼓励企业间进行面对面交流和实地考察，以降低交易风险，提高交易中的透明度，减少市场上机会主义行为发生的可能性，促进地区经济健康良性发展。

第三，本章结论表明，当企业为非国有企业时，高铁对于供应链影响更为显著。相比于国有企业，非国有企业在获取信息等资源方面存在劣势，并且抗风险能力较弱。因而难以在市场竞争中占据有利地位。但是，非国有企业是市场经济中的重要主体，具有运行效率高、创新能力强、激励机制灵活、活力足的优势，能为经济发展注入活力。扶持非国有企业，解决非国有企业经营中的困难，对于推动经济高质量发展有重要意义。而已有研究普遍证实，高铁所具有的“时空压缩效应”，改变了地理距离造成的时空约束条件，节约了出行的时间成本，提升了城市的可达性，促进信息等生产要素自由流动和快速交换，实现人流和物流的高效联通，并进一步带动信息流和资金流的畅通。因此，“一带一路”沿线国家可以通过在全国或经济发展重点区域铺设高铁网络，合理布局交通网络，打破区域间自然分割，降低人际间交流成本。这有利于缓解“一带一路”沿线国家非国有企业在信息等方面的资源劣势，帮助当地非国有企业建立更有弹性的供应链，降低“一带一路”沿线国家产业的整体风险，进而提高产业经营质量，为宏观经济健康发展奠定良好基础。

第四，高铁对于供应链的作用，不仅受到企业性质的影响，还受到市场竞争压力的调节作用。当企业面临较大的市场竞争压力时，高铁通过降低交易成本而改善供应商关系型交易的效果更为显著。因此，“一带一路”沿线国家可以通过在某个产业竞争较为激烈的地区布局高铁网络，进而鼓励企业通过达成更多的产业合作，获取更多上下游企业的支持。这不仅有利于“一带一路”沿线国家企业本身以较低的交易成本获取竞争优势，也有利于降低“一带一路”沿线国家产业交易成本，增强产业抗风险能力，改善空间分割对于产业发展的限制，并且引导形成更为合理的产业地理分布。

最后，高铁网络的铺设不仅能够惠及“一带一路”沿线国家内地区间的来往，也可以提升国家间互通往来的效率。近年来，我国国际道路运输网络辐射范围快速拓展，与周边国家互联互通水平显著提升。在疫情冲击等“黑天鹅”事件带来的外部环境不确定性加剧的今天，通过更为稳定和不易受干扰的交通基础设施，优化完善国际物流通道，加强国际货运能力建设，加快形成内外联通、安全高效的物流网络，保障国际物流供应链体系安全畅通，是推动“一带一路”交通互联互通高质量发展的基础支撑，扮演着“先行官”的角色。为了更好地实现互联互通，一方面，“一带一路”沿线国家当地政府应当充分意识到高速铁路在运行稳定性和时效性上的巨大优势，充分认识到交通基础设施对于国内外贸易往来的促进作用，从而在共商共建共享的原则上积极接受，甚至主动寻求以高铁为代表的交通基础设施领域的国际合作机会，进一步推进国际道路运输便利化。另一方面，“一带一路”沿线国家当地企业也应当树立开放的沟通和交流意识，充分利用逐步完善的交通网络走出去，主动提高获取信息的意识和能力，建立多种信息获取渠道。

后　记

本书的研究工作开始于 2019 年，在历时三年的研究规划、实地调研、资料搜集、实证检验和书稿撰写的紧张工作后，于 2022 年完稿。这三年来“一带一路”倡议得到了更深入的发展，“一带一路”沿线国家的高铁规划和建设也进入了更为成熟的阶段。例如，2021 年 3 月 29 日，中泰高铁合作项目一期三个标段的施工协议已签署完成；2021 年 12 月 3 日，连接中国和老挝的中老高铁已全线开通运营。这些进程标志着“一带一路”倡议中交通领域的“设施联通”正在一步步实现。这样的现实背景也凸显了在学术研究层面深入探索和分析以高铁为代表的交通基础设施建设如何影响沿线国家和地区宏观经济的紧迫性和必要性。事实上，虽然“互联互通”的口号已经提出了很多年，但仍然缺乏对上述问题的系统性研究。自 2008 年以来，中国的高铁建设已经取得了辉煌的成就，高铁也成为中国“走出去”的一张“名片”。但是在新时期，高铁对于中国宏观经济的发展有着怎样的影响，高铁为代表的交通基础设施的建设究竟会如何影响宏观经济，这些问题尚未得到系统性的回答。这也使得在中国高铁“走出去”时，东道国容易对高铁带来的好处认识不足，或是由于缺乏充分的经验证据支撑而难以相信。

本书的初衷之一就是通过中国高铁建设多年来的经验证据，用实证研究的方式，以翔实的数据和统计方法为支撑，将中国高铁建设对宏观经济的影响予以分析，总结中国高铁的成功经验，进而为“一带一路”沿线国家的高铁建设以及国家之间的互联互通提供借鉴和启示。

本书在第三章至第七章中，通过五个子研究分析了高铁对宏观经济的影响，分别从经济增长、收入差距、创业活跃度、碳排放强度和产业中关系型交易的角度，基于来自中国的面板数据，对其影响的程度、作用机制、情境因素等进行了深入探索。以上实证研究对于总结中国修建高铁对宏观经济的长期作用有很大帮助，同时也对于“一带一路”沿线国家当前和未来的高铁建设，甚至是交通基础设施的规划和建设起到一定的借鉴作用。在上述各章的最后一节，我们均基于各章的研究结论提出了对于“一带一路”沿线国家可能有帮助的启示。

整体而言，本书的研究结果可能在以下几方面提供有价值的经验证据和借鉴作用。首先，尽管高铁经济的相关研究均认可高铁修建可能同时带来集聚效应和虹吸效应，分别产生要素流入和流出两种相反的结果，但根据中国高铁建设的经验，平均而言，高铁开通对高铁沿线地区的经济增长、创业活跃度提高、碳排放强度降低均具有显著的作用。本书的这一发现为总结中国高铁建设的积极影响提供了证据，也为中国高铁“走出去”提供了重要的支撑。对于“一带一路”沿线国家而言，这无疑更有助于坚定当前和未来高铁建设的信心和决心，使合理规划的高铁线路有希望成为经济和社会发展的新的增长点。对于“一带一路”沿线的新兴市场国家而言，除了利用高铁对经济增速和经济总量的积极影响外，充分利用缩小收入差距、提高创业活跃度、促进低碳经济发展，也更有助于发展质量的提升和可持续发展的实现。

其次，本书进一步探索了高铁对宏观经济影响的作用机制，由于研究精力和研究模型的限制，我们尚未能探索和厘清其中存在的所有可能的机制，但本书的研究对高铁作用机制的发现也将为深入理解高铁对宏观经济的影响，以及为更进一步分析其他可能的作用机制提供借鉴和启示。本书的相关研究发现包括：多中心空间结构、经济集聚和技术进步是高铁发展水平影响城市群收入差距的重要作用机制；就业集聚和技术进步是高铁提升城市创业活跃度的重要作用机制；产业结构调整在高铁开通降低碳排放强度的影响中起部分中介作用。对于“一带一路”沿线国家而言，借鉴中国经验明确高铁产生作用的传导机制对于能够产生预期的积极影响是至关重要的，在进行高铁规划和建设的同时，需要考虑为中介因素的发展提供积极的引导，使高铁建设产生的预期作用能够最大化。

最后，本书对高铁影响宏观经济的情境因素也进行了探索和分析。以往对于高铁影响相关研究会产生不同的结论，除了研究采用的时间区间和样本不同外，很大一部分原因就在于这些研究对相关情境因素的考虑不足。本书对于情境因素的研究发现包括：（1）政府效率负向调节高铁开通和地区经济增长之间的关系；创新环境正向调节高铁开通和地区经济增长之间的关系；政府效率和创新环境的调节作用在城市群中心城市、城市群外围城市和非城市群城市之间存在区域异质性。（2）城市群的产业结构调整与城市群规模对高铁发展水平与城市群收入差距之间的关系存在显著的正向调节效应；高铁发展水平对南方城市群收入差距的缩小效应相较北方城市群来说更为显著，对沿海地区城市群收入差距存在显著的缩小效应，对非沿海地区城市群收入差距的缩小效应并不显著。（3）高铁对城市创业活跃度的影响存在区域异质性，对于中国东部、中部城市以及城市群内城市的创业活跃度有更显著的积极影响。（4）高铁开通降低碳排放强度的作用存在区域异质性，该作用在西部地区城市更显著。在剔除省会城市样本后，高铁开通的降碳作用在中西部城市显著，而在东部地区城市中没有显著影响。（5）在信息不对称程度较高的情况下，高铁对供应商关系型交易的影响更显著；从企业特质角度进行的异质性分析发现，对于非国有以及市场竞争压力较大的企业，高铁对供应商关系型交易的影响更显著。对于“一带一路”沿线国家而言，在高铁建设的同时发展对高铁产生影响更有利的情境因素，或是将高铁布局在能够发挥更大作用的地区，会使高铁对宏观经济产生更大的积极效应。

总之，本书研究的顺利开展得益于中国高速铁路的建设和发展，十多年来中国高铁的快速布局为本书的研究提供了理想的研究样本和数据，借此机会我们通过本书分析和总结中国高铁建设对宏观经济影响的成功经验，希望对于未来中国高铁的建设和发展提供支撑，更重要的是对于帮助中国与“一带一路”沿线国家实现真正的交通基础设施互联互通提供借鉴和启示。本书通过大样本数据和统计分析的实证研究得出研究结论，研究所发现的高铁的积极影响为中国高铁“走出去”提供了系统性的经验证据的支撑。我们希望随着“一带一路”建设的深入发展，更多的国家和地区能够早日实现高铁贯通，享受交通基础设施发展的红利；随着“互联互通”的真正实现，国家间的合作能够更加深入，充分共享交通基础设施发展的成果。

参考文献

英文文献

[1] Agarwal S, Hauswald R. Distance and Private Information in Lending[J]. Review of Financial Studies, 2010(7): 2757 – 2788.

[2] Ahlfeldt G M, Feddersen A. From Periphery to Core: Measuring Agglomeration Effects Using High-speed rail[J]. Journal of Economic Geography, 2018, 18(2): 355 – 390.

[3] Allen F, Babus A. Networks in Finance[M]. Philadelphia, PA: University of Pennsylvania, 2008.

[4] Al-Marhubi F. Export Diversification and Growth: An Empirical Investigation[J]. Applied Economics Letters, 2000, 7(9): 559 – 562.

[5] Almeida P, Kogut B. Localization of Knowledge and the Mobility of Engineers in Regional Networks[J]. Management Science, 1999, 45(7): 905 – 917.

[6] Altman E I, Iwanicz-Drozdowska M, Laitinen E K, Suvas A. Financial Distress Prediction in an International Context: A Review and Empirical Analysis of Altman's Z-score Model[J]. Journal of International Financial Management & Accounting, 2017(2): 131 – 171.

[7] Antonelli C, Gehringer A.Technological Change, Rent and Income Inequalities: A Schumpeterian Approach[J]. Technological Forecasting and Social Change, 2017, 115: 85 – 98.

[8] Audretsch D B, Heger D, Veith T.Infrastructure and Entrepreneurship[J]. Small

Business Economics, 2015, 44(2): 219 – 230.

[9] Banerjee S, Dasgupta S, Kim Y. Buyer-Supplier Relationships and the Stakeholder Theory of Capital Structurep[J]. Journal of Finance, 2008(5): 2507 – 2552.

[10] Baron R M, Kenny D A. The Moderator-Mediator Variable Distinction in Social Psychological Research: Conceptual, Strategic, and Statistical Considerations. [J]. Journal of Personality and Social Psychology, 1986, 51(6): 1173.

[11] Baum-Snow N, Brandt L, Henderson J V, et al. Roads, Railroads, and Decentralization of Chinese Cities[J]. Review of Economics and Statistics, 2017, 99(3): 435 – 448.

[12] Beck T, Levine R, Levkov A. Big Bad Banks? The Winners and Losers From Bank Deregulation in the United States[J]. 2010, 65(5): 1637 – 1667.

[13] Berger A N, Udell G F. Small Business Credit Availability and Relationship Lending: The Importance of Bank Organizational Structure[J]. The Economic Journal, 2002(477): 32 – 53.

[14] Bernard A B, Moxnes A, Saito Y U. Production Networks, Geography, and Firm Performance[J]. Journal of Political Economy, 2019, 127(2): 639 – 688.

[15] Bowen R M, Ducharme L, Shores D. Stakeholders' Implicit Claims and Accounting Method Choice[J]. Journal of Accounting & Economics, 1995(3): 255 – 295.

[16] Bozarth C C, Warsing D P, Flynn B B, Flynn E J. The Impact of Supply Chain Complexity on Manufacturing Plant Performance[J]. Journal of Operations Management, 2009(1): 78 – 93.

[17] Burger M, Meijers E. Form Follows Function? Linking Morphological and Functional Polycentricity[J]. Urban studies, 2012, 49(5): 1127 – 1149.

[18] Cai X, Lu Y, Wu M, et al. Does Environmental Regulation Drive Away Inbound Foreign Direct Investment? Evidence from a Quasi-natural Experiment in China[J]. Journal of Development Economics, 2016, 123:73 – 85.

[19] Cai Y, Tian X, Xia H. Location, Proximity, and M&A Transactions[J]. Journal

of Economics and Management Strategy, 2016, 688 – 719.

[20] Cervero R, Hansen M. Induced Travel Demand and Induced Road Investment: A Simultaneous Equation Analysis[J]. Journal of Transport Economics and Policy, 2002, 36(3): 469 – 490.

[21] Chen C, Vickerman R. Can Transport Infrastructure Change Regions' Economic Fortunes? Some Evidence from Europe and China[J]. Regional Studies, 2017, 51(1): 144 – 160.

[22] Chen Z, Haynes K E. Impact of High Speed Rail on Housing Values: An Observation from the Beijing-Shanghai Line[J]. Journal of Transport Geography, 2015, 43: 91 – 100.

[23] Chen Z, Haynes K E. Impact of High-speed Rail on Regional Economic Disparity In China[J]. Journal Of Transport Geography, 2017, 65: 80 – 91.

[24] Chen Z, Xue J, Rose A Z, et al. The Impact of High-speed Rail Investment on Economic and Environmental Change in China: A dynamic CGE Analysis[J]. Transportation Research Part A: Policy and Practice, 2016, 92: 232 – 245.

[25] Ciccone A, Hall R E. Productivity and the Density of Economic Activity[J]. American Economic Review, 1996, 86(1): 54 – 70.

[26] Claessens S, Djankov S, Fan J P H, Lang L H P. Disentangling the Incentive and Entrenchment Effects of Large Shareholdings[J]. The Journal of Finance, 2002(6): 2741 – 2771.

[27] Coase R. The Nature of the Firm[J]. Economica, 1937(4): 386 – 405.

[28] Coleman J S. Social Capital in the Creation of Human Capital[J]. The American Journal of Sociology, 1998, 94: S95 – S120.

[29] Combes P, Duranton G. Labour Pooling, Labour Poaching, and Spatial Clustering [J]. Regional Science and Urban Economics, 2006, 36(1): 1 – 28.

[30] Cornet Y, Dudley G, Banister D. High Speed Rail: Implications for Carbon Emissions and Biodiversity[J]. Case Studies on Transport Policy, 2018, 6(3): 376 – 390.

[31] Coval J D, Moskowitz T J. Home Bias at Home: Local Equity Preference in Domestic Portfolios[J]. Journal of Finance, 2010(6): 2045 – 2073.

[32] Cullen J B, Johnson J L, Parboteeah K P. National Rates of Opportunity Entrepreneurship Activity: Insights from institutional anomie theory[J]. Entrepreneurship Theory and Practice, 2014, 38(4): 775 – 806.

[33] Dalkic G, Balaban O, Tuydes-Yaman H, et al. An Assessment of the CO2 Emissions Reduction in High Speed Rail Lines: Two Case Studies from Turkey[J]. Journal of Cleaner Production, 2017, 165: 746 – 761.

[34] Deng T, Wang D, Hu Y, et al. Did High-speed Railway Cause Urban Space Expansion?——Empirical Evidence from China's Prefecture-level Cities[J]. Research in Transportation Economics, 2020, 80: 100840.

[35] Dietz T, Rosa E A. Effects of Population and Affluence on CO2 Emissions[J]. Proceedings of the National Academy of Sciences, 1997, 94(1): 175 – 179.

[36] Dixit A. Governace Institutions and Economic Activity[J]. American Economic Review, 2009, 99(1): 5 – 24.

[37] Dong X, Zheng S, Kahn M E. The Role of Transportation Speed in Facilitating High Skilled Teamwork Across Cities[J]. Journal of Urban Economics, 2020, 115: 103 – 212.

[38] Dou Y, Hope O-K, Thomas, W B. Relationship-Specificity, Contract Enforceability, and Income Smoothing[J]. Accounting Review, 2013(5): 1629 – 1656.

[39] Dowlatshahi S. Bargaining Power in Buyer-Supplier Relationships[J]. Production and Inventory Management Journal, 1999(1): 27 – 35.

[40] Du Q, Yu H, Yan C, et al. Does High-Speed Rail Network Access Enhance Cities' Innovation Performance? [J]. Sustainability, 2020, 12(19): 8239.

[41] Du Y, Kim P H, Aldrich H E.Hybrid Strategies, Dysfunctional Competition, and New Venture Performance in Transition Economies[J]. Management and Organization Review, 2016, 12(3): 469 – 501.

[42] Duflo E, Pande R. Dams[J]. Quarterly Journal of Economics, 2007 (2):

601 – 646.

[43] Duranton G, Morrow P M, Turner M A. Roads and Trade: Evidence from the US[J]. Review of Economic Studies, 2014, 81(2): 681 – 724.

[44] Faber B. Trade Integration, Market Size, and Industrialization: Evidence from China's National Trunk Highway System[J]. Review of Economic Studies, 2014, 81(3): 1046 – 1070.

[45] Fritsch M, Slavtchev V. Determinants of the Efficiency of Regional Innovation Systems[J]. Regional Studies, 2011, 45(7): 905 – 918.

[46] Gaspar J-M, Massa M. Idiosyncratic Volatility and Product Market Competition[J]. Journal of Business, 2006 (6): 3125–3152.

[47] Givoni M. Environmental Benefits from Mode Substitution: Comparison of the Environmental Impact from Aircraft and High-speed Train Operations[J]. International Journal of Sustainable Transportation, 2007, 1(4): 209 – 230.

[48] Glaser B G, Strauss A L. Discovery of Grounded Theory: Strategies for Qualitative Research[M]. Routledge, 2017.

[49] Grunert J, Norden L, Weber M. The Role of Nonfinancial Factors in Internal Credit Ratings[J]. Journal of Banking & Finance, 2005(2): 509 – 531.

[50] Guirao B, Campa J L, Casado-Sanz N. Labour Mobility between Cities and Metropolitan Integration: The Role of High Speed Rail Commuting in Spain[J]. Cities, 2018, 78: 140 – 154.

[51] Hair J F, Black W C, Babin B J, et al. Multivariate Data Analysis(Vol.6).Upper Saddle River, NJ: Pearson Prentice Hall, 2006.

[52] Hall P. Magic Carpets and Seamless Webs: Opportunities and Constraints for High-speed Trains in Europe[J]. Built Environment, 2009, 35(1): 59 – 69.

[53] Henderson J V. Efficiency of Resource Usage and City Size[J]. Journal of Urban economics, 1986, 19(1): 47 – 70.

[54] Heuermann D F, Schmieder J F. The Effect of Infrastructure on Worker Mobility: Evidence from High-speed Rail Expansion in Germany[J]. Journal of

Economic Geography, 2019, 19(2): 335 – 372.

[55] Hu X, Huang J, Shi F. Circuity in China's High-speed-rail Network[J]. Journal of Transport Geography, 2019(80): 102504.

[56] Huang Y, Wang Y. How Does High-speed Railway Affect Green Innovation Efficiency? A Perspective of Innovation Factor Mobility-Science Direct[J]. Journal of Cleaner Production, 2020, 265: 121623.

[57] Hulten C R, Bennathan E, Srinivasan S. Infrastructure, Externalities, and Economic Development: A Study of the Indian Manufacturing Industry[J]. Social Science Electronic Publishing, 2006, 20(2): 291 – 308.

[58] Jaffe A B, Trajtenberg M, Henderson R. Geographic Localization of Knowledge Spillovers as Evidenced by Patent Citations[J]. The Quarterly Journal of Economics, 1993, 108(3): 577 – 598.

[59] Jin M, Lin K, Shi W, et al. Impacts of High-speed Railways on Economic Growth and Disparity in China[J]. Transportation Research Part A: Policy and Practice, 2020.

[60] Jong J -C, Schonfeld P. An Evolutionary Model for Simultaneously Optimizing Three-Dimensional Highway Alignments[J]. Transportation Research: Part B, 2003(2): 107 – 128.

[61] Joseph F, Stijn C. Corporate Governance in Asia: a Survey[J]. International Review of Finance, 2002 (2): 71 – 103.

[62] Kang Z, Li K, Qu J.The Path of Technological Progress for China's Low-carbon Development: Evidence from Three Urban Agglomerations[J]. Journal of Cleaner Production, 2018.

[63] Kang J -K, Kim J -M. The Geography of Block Acquisitions[J]. Journal of Finance, 2008(6): 2817 – 2858.

[64] Ke X, Chen H, Hong Y, et al. Do China's High-speed-rail Projects Promote Local Economy? —New Evidence from a Panel Data Approach[J]. China Economic Review, 2017, 44: 203 – 226.

[65] Kim K S. High-speed Rail Developments and Spatial Restructuring: A Case Study of the Capital Region in Korea J.Cities, 2000, 17(4): 251 – 262.

[66] Knaap T, Oosterhaven J. Measuring the Welfare Effects of Infrastructure: A Simple Spatial Equilibrium Evaluation of Dutch Railway Proposals[J]. Research in Transportation Economics, 2011, 31(1): 19 – 28.

[67] Kumar K B, Matsusaka J G. From Families to Formal Contracts: an Approach to Development[J]. Journal of Development Economics, 2009 (1): 106 – 119.

[68] Larcker D F, So E C, Wang C C Y. Boardroom Centrality and Firm Performance[J]. Journal of Accounting & Economics, 2013 (2 – 3): 225 – 250.

[69] Li J, Qian Y, Zeng J, et al. Research on the Influence of a High-Speed Railway on the Spatial Structure of the Western Urban Agglomeration Based on Fractal Theory—Taking the Chengdu–Chongqing Urban Agglomeration as an Example[J]. Sustainability, 2020, 12(18): 7550.

[70] Liang J, Wang H, Lazear E P. Demographics and Entrepreneurship[J]. Journal of Political Economy, 2018, 126(S1): S140 – S196.

[71] Liang Y, Zhou K, Li X, et al. Effectiveness of High-speed Railway on Regional Economic Growth for Less Developed Areas[J]. Journal of Transport Geography, 2020(82): 102621.

[72] Liberti J M, Petersen M A. Information: Hard and Soft[J]. The Review of Corporate Finance Studies, 2019(1): 1 – 41.

[73] Lin Y. Travel Costs and Urban Specialization Patterns: Evidence from China's High Speed Railway System[J]. Journal of Urban Economics, 2017, 98: 98 – 123.

[74] Liu L, Zhang M. High-speed Rail Impacts on Travel Times, Accessibility, and Economic Productivity: A Benchmarking Analysis in City-cluster Regions of China[J]. Journal of Transport Geography, 2018(73): 25 – 40.

[75] Liu Y, Zhou Y, Wu W. Assessing the Impact of Population, Income and Technology on Energy Consumption and Industrial Pollutant Emissions in

China[J]. Applied Energy, 2015.

[76] Ma L, Niu D, Sun W. Transportation Infrastructure and Entrepreneurship: Evidence from High-speed Railway in China[J]. China Economic Review, 2021, 65: 101577.

[77] Manolova T S, Eunni R V, Gyoshev B S. Institutional Environments For Entrepreneurship: Evidence from Emerging Economies in Eastern Europe[J]. Entrepreneurship Theory and Practice, 2008, 32(1): 203 – 218.

[78] Mcdonald J F, Prather P J. Suburban Employment Centres: The Case of Chicago[J]. Urban studies, 1994, 31(2): 201 – 18.

[79] Meijers E J, Burger M J. Spatial Structure and Productivity in US Metropolitan Areas[J]. Environment and planning A, 2010, 42(6): 1383 – 1402.

[80] Monzon A, Lopez E, Ortega E. Has HSR Improved Territorial Cohesion in Spain? An Accessibility Analysis of the First 25 Years: 1990 – 2015[J]. European Planning Studies, 2019, 27(3): 513 – 532.

[81] Murayama Y. The Impact of Railways on Acceessibility in Japanese Urban System[J]. Journal of Transport Geography, 1994(2): 87 – 100.

[82] North D C. Institutions, Institutional Change and Economic Performance[M]. Cambridge University Press, 1990.

[83] Noseleit F. Entrepreneurship, Structural Change, and Economic Growth[J]. Journal of Evolutionary Economics, 2013, 23(4): 735 – 766.

[84] Ortega E, Lopez E, Monzon A.Territorial Cohesion Impacts of High-speed Rail at Different Planning Levels[J]. Journal of Transport Geography, 2012(24): 130 – 141.

[85] Peng M W, Luo Y. Managerial Ties and Firm Performance in a Transition Economy: The Nature of a Micro-macro Link[J]. Academy of Management Journal, 2000(3): 486 – 501.

[86] Peng M W. Institutional Transitions and Strategic Choices[J]. Academy of Management Review, 2003(2): 275 – 296.

[87] Phelps N A, Ozawa T. Contrasts in agglomeration: Proto-Industrial, Industrial and Post-industrial Forms Compared[J]. Progress in Human Geography, 2003, 27(5): 583 – 604.

[88] Ponce L. Effect of Public-private Infrastructure Investment on Economic Growth. 2016.

[89] Qin Y. No County Left Behind? The Distributional Impact of High-Speed Rail Upgrades in China[J]. Journal of Economic Geography, 2017(3): 489 – 520.

[90] Sasaki K, Ohashi T, Ando A. High-speed Rail Transit Impact on Regional Systems: Does the Shinkansen Contribute to Dispersion?[J]. The Annals of Regional Science, 1997, 31(1): 77 – 98.

[91] Serfling M. Firing Costs and Capital Structure Decisions[J]. The Journal of Finance, 2016(5): 2239 – 2286.

[92] Shahrur H, Raman K. Relationship-specific Investments and Earnings Management: Evidence on Corporate Suppliers and Customers[J]. The Accounting Review, 2008(4): 1041 – 1081.

[93] Shankar R, Shah A. Bridging the Economic Divide within Countries: A Scorecard on the Performance of Regional Policies in Reducing Regional Income Disparities[J]. World Development, 2003, 31(8).

[94] Shao S, Tian Z, Yang L. High Speed Rail and Urban Service Industry Agglomeration: Evidence from China's Yangtze River Delta Region[J]. Journal of Transport Geography, 2017.

[95] Soo K T. From licence Raj to Market Forces: The Determinants of Industrial Structure in India after Reform[J]. Economica, 2008, 75(298): 222 – 243.

[96] Stigler G J. The Economics of Information[J]. Journal of Political Economy, 1961(3): 213 – 225.

[97] Storper M, Venables A J. Buzz: Face-to-face Contact and the Urban Economy[J]. Journal of Economic Geography, 2004, 4(4): 351 – 370.

[98] Uysal V B, Kedia S, Panchapagesan V. Geography and Acquirer Returns[J].

Journal of Financial Intermediation, 2008(2): 256 – 275.

[99] Vickerman R. High-speed Rail in Europe: Experience Andissues for Future Development. The Annals of Regional Science, 1997, 31(1): 21 – 38.

[100] Vickerman R. High-speed Rail and Regional Development: the Case of Intermediate Stations[J]. Journal of Transport Geography, 2015(42): 157 – 165.

[101] Wang L, Zhao Z, Xue X, et al. Spillover Effects of Railway and Road on CO2 Emission in China: A Spatiotemporal Analysis[J]. Journal of Cleaner Production, 2019, 234: 797 – 809.

[102] Wang X, Zhang X, Xie Z, et al. Roads to Innovation: Firm-level Evidence from China[M]. Intl Food Policy Res Inst, 2016.

[103] Wang S, Liu X, Zhou C, et al. Examining the Impacts of Socioeconomic Factors, Urban Form, and Transportation Networks on CO_2 Emissions in China's Megacities[J]. Applied Energy, 2017, 185: 189 – 200.

[104] Whitley R. Divergent Capitalisms: The Social Structuring and Change of Business. New York: Oxford University Press, 1999.

[105] Williamson J G. Regional Inequality and the Process of National Development: a Description of the Patterns[J]. Economic Development and Cultural Change, 1965, 13(4, Part 2): 1 – 84.

[106] Williamson O E. The Economic Institutions of Capitalism[M]. New York: Free Press, 1985.

[107] Williamson O E. The New Institutional of Economics: Taking Stock, Looking Ahead[J]. Journal of Economic Literature, 2000(3): 595 – 613.

[108] Wu J, Nash C, Wang D. Is High Speed Rail an Appropriate Solution to China's Rail Capacity Problems? [J]. Journal of Transport Geography, 2014, 2014, 40: 100-111.

[109] Xie R, Fang J, Liu C. The Effects of Transportation Infrastructure on Urban Carbon Emissions[J]. Applied Energy, 2017, 196: 199 – 207.

[110] Yao S, Zhang F, Wang F, et al. Regional Economic Growth and the Role of

High-speed Rail in China[J]. Applied Economics, 2019, 51(32): 3465 – 3479.

[111] Murata Y, Thisse J F. A Simple Model of Economic Geography à la Helpman-Tabuchi[J]. Journal of Urban Economics, 2005, 58(1): 137 – 155.

[112] Krugman P. Increasing Returns and Economic Geography[J]. Journal of political economy, 1991, 99(3): 483 – 499.

中文文献

[1] 鲍群，赵秀云. 产权性质、供应商关系与公司风险[J]. 中南财经政法大学学报，2016（3）：117 – 123.

[2] 卞元超，吴利华，白俊红. 高铁开通是否促进了区域创新？[J]. 金融研究，2019（6）：132 – 49.

[3] 蔡晓慧，茹玉骢. 地方政府基础设施投资会抑制企业技术创新吗？——基于中国制造业企业数据的经验研究[J]. 管理世界，2016（11）：32 – 52.

[4] 曹伟，姚振晔，赵璨. 供应链关系变动与企业创新绩效——基于中国上市公司的经验证据[J]. 会计与经济研究，2019（6）：31 – 54.

[5] 陈搏. 创新参与者视角的创新环境评价研究[J]. 科研管理，2015，36（S1）：84 – 93.

[6] 陈操操，刘春兰，汪浩，等. 北京市能源消费碳足迹影响因素分析——基于 STIRPAT 模型和偏小二乘模型[J]. 中国环境科学，2014，34（6）：1622 – 1632.

[7] 陈丰龙，徐康宁，王美昌. 高铁发展与城乡居民收入差距：来自中国城市的证据[J]. 经济评论，2018（2）：59 – 73.

[8] 陈刚. 管制与创业——来自中国的微观证据[J]. 管理世界，2015（5）：89 – 99.

[9] 陈键. 银企关系与信贷可获得性、贷款成本——基于 2003 年 NSSBF 调查的实证分析[J]. 财贸经济，2008（1）：86 – 93 + 127 – 128.

[10] 陈婧，方军雄. 高铁开通、经理人市场竞争与高管薪酬激励[J]. 财贸经济，2020（12）：132 – 146.

[11] 陈强. 高级计量经济学及 Stata 应用（第二版）[M]. 北京：高等教育出版社，2014.

[12] 陈世勋，陶小马. 上海城市轨道交通体系社会经济效益估算分析[J]. 城市轨

道交通研究，2004（1）：1－5.
[13] 程敏英，郑诗佳，刘骏. 供应商/客户集中度与企业盈余持续性：保险抑或风险[J]. 审计与经济研究，2019（4）：75－86.
[14] 程永宏. 二元经济中城乡混合基尼系数的计算与分解[J]. 经济研究，2006（1）：109－120.
[15] 池仁勇，朱张帆. 软信息与硬信息孰轻孰重——中小企业授信与信用风险视角[J]. 华东经济管理，2020（3）：112－118.
[16] 戴学珍，徐敏，李杰. 京沪高速铁路对沿线城市效率和空间公平的影响[J]. 经济地理，2016，36（3）：72－77.
[17] 丁金学，金凤君，王姣娥，等. 高铁与民航的竞争博弈及其空间效应——以京沪高铁为例[J]. 经济地理，2013，33（5）：104－110.
[18] 丁如曦，刘梅，李东坤. 多中心城市网络的区域经济协调发展驱动效应——以长江经济带为例[J]. 统计研究，2020，37（11）：93－105.
[19] 董艳梅，朱英明. 高铁建设能否重塑中国的经济空间布局——基于就业、工资和经济增长的区域异质性视角[J]. 中国工业经济，2016（10）：92－108.
[20] 董艳梅，朱英明. 高铁建设的就业效应研究——基于中国285个城市倾向匹配倍差法的证据[J]. 经济管理，2016，38（11）：26－44.
[21] 董直庆，蔡啸，王林辉. 技能溢价：基于技术进步方向的解释[J]. 中国社会科学，2014（10）：22－40+205－6.
[22] 豆建民，张可. 空间依赖性、经济集聚与城市环境污染[J]. 经济管理，2015，37（10）：12－21.
[23] 杜立，屈伸，钱雪松，等. 地理距离、契约设计与企业内部资本市场借贷风险防控——来自中国企业集团内部借贷交易的证据[J]. 金融研究，2020（8）：130－148.
[24] 杜群阳，俞航东. 中国多维城市空间结构与地区收入差距[J]. 地理科学，2020，40（5）：720－9.
[25] 杜兴强，彭妙薇. 高铁开通会促进企业高级人才的流动吗？[J]. 经济管理，2017，39（12）：89－107.

[26] 杜运周，刘秋辰，程建青．什么样的营商环境生态产生城市高创业活跃度？——基于制度组态的分析[J]．管理世界，2020，36（9）：141－155.

[27] 方大春，孙明月．高速铁路对长三角城市群经济发展影响评估——基于 DID 模型的实证研究[J]．华东经济管理，2016，30（2）：42－47.

[28] 方红星，张勇．供应商/客户关系型交易、盈余管理与审计师决策[J]．会计研究，2016（1）：79－86+96.

[29] 房逸靖，张治栋．要素流动、技术扩散与地区间经济差距——基于长三角城市群的经验证据[J]．区域经济评论，2021（3）：66－75.

[30] 冯伟，李嘉佳．企业家精神与产业升级：基于经济增长原动力的视角[J]．外国经济与管理，2019，41（6）：29－42.

[31] 干春晖，郑若谷，余典范．中国产业结构变迁对经济增长和波动的影响[J]．经济研究，2011，46（5）：4－16+31.

[32] 龚红娥．基尼系数及其实际应用[J]．市场与人口分析，2002（6）：35－40.

[33] 顾阿伦，何崇恺，吕志强．基于 LMDI 方法分析中国产业结构变动对碳排放的影响[J]．资源科学，2016，38（10）：1861－1870.

[34] 韩峰，谢锐．生产性服务业集聚降低碳排放了吗？——对我国地级及以上城市面板数据的空间计量分析[J]．数量经济技术经济研究，2017，34（3）：40－58.

[35] 郝寿义，张永恒．环境规制对经济集聚的影响研究——基于新经济地理学视角[J]．软科学，2016，30（4）：27－30.

[36] 侯新烁，黄素萍．高铁开通对不同等级城市城乡收入差距的影响[J]．当代经济研究，2021（3）：82－92.

[37] 胡永刚，石崇．扭曲、企业家精神与中国经济增长[J]．经济研究，2016，51（7）：87－101.

[38] 胡煜，李红昌．交通枢纽等级的测度及其空间溢出效应——基于中国城市面板数据的空间计量分析[J]．中国工业经济，2015（5）：32－43.

[39] 黄苏萍，李燕．高铁对沿线城市群科技创新的影响[J]．经济问题探索，2018（1）：38－46.

[40] 黄泰岩，王检贵. 居民收入差距测量指标体系的选择[J]. 当代经济研究，2000（9）：42－7＋72.

[41] 黄涛，胡宜国，胡宜朝. 地区人均 GDP 分布的基尼系数分析[J]. 管理世界，2006（5）：45－51＋171－2.

[42] 黄妍妮，高波，魏守华. 中国城市群空间结构分布与演变特征[J]. 经济学家，2016（9）：50－8.

[43] 黄张凯，刘津宇，马光荣. 地理位置、高铁与信息：来自中国 IPO 市场的证据[J]. 世界经济，2016，39（10）：127－149.

[44] 嵇正龙，宋宇. 长三角地区企业异地投资与市场一体化的增长效应[J]. 现代经济探讨，2021（3）：110－117.

[45] 吉赟，杨青. 高铁开通能否促进企业创新：基于准自然实验的研究[J]. 世界经济，2020，43（2）：147－166.

[46] 姜博，初楠臣. 哈大高铁对区域可达性影响及空间格局演变[J]. 城市规划，2015，39（11）：92－98.

[47] 蒋海兵. 京沪高铁对区域公路可达性的影响研究[A]. 中国地理学会、河南省科学技术协会. 中国地理学会2012年学术年会学术论文摘要集[C]. 中国地理学会、河南省科学技术协会：中国地理学会，2012：2.

[48] 柯善咨，姚德龙. 工业集聚与城市劳动生产率的因果关系和决定因素——中国城市的空间计量经济联立方程分析[J]. 数量经济技术经济研究，2008，25（12）：3－14.

[49] 黎绍凯，朱卫平，刘东. 高铁能否促进产业结构升级：基于资源再配置的视角[J]. 南方经济，2020（2）：56－72.

[50] 李红昌，Tjia L，胡顺香. 中国高速铁路对沿线城市经济集聚与均等化的影响[J]. 数量经济技术经济研究，2016，33（11）：127－143.

[51] 李建明，罗能生. 高铁开通改善了城市空气污染水平吗？[J]. 经济学（季刊），2020，19（4）：1335－1354.

[52] 李金锴，钟昌标. 高铁开通、城市可达性与就业机会[J]. 软科学，2020，34（11）：1－12.

[53] 李静，李逸飞. 城市规模、经济发展水平与居民收入差距[J]. 江淮论坛，2020（4）：42－53+68.

[54] 李兰冰，刘秉镰. “十四五”时期中国区域经济发展的重大问题展望[J]. 管理世界，2020，36（5）：36－51+8.

[55] 李磊，陆林，穆成林，等. 高铁网络化时代典型旅游城市旅游流空间结构演化——以黄山市为例[J]. 经济地理，2019，39（5）：207－216＋225.

[56] 李平，王春晖，于国才. 基础设施与经济发展的文献综述[J]. 世界经济，2011，34（5）：93－116.

[57] 李强. 高铁开通对长江经济带城乡收入差距的影响研究[J]. 南通大学学报（社会科学版），2021，37（2）：32－42.

[58] 李欣泽，纪小乐，周灵灵. 高铁能改善企业资源配置吗？——来自中国工业企业数据库和高铁地理数据的微观证据[J]. 经济评论，2017（6）：3－21.

[59] 李旭章. 以双循环格局促产业链供应链升级[J]. 人民论坛，2020（23）：92－94.

[60] 李彦，付文宇，王鹏. 高铁服务供给对城市群经济高质量发展的影响——基于多重中介效应的检验[J]. 经济与管理研究，2020，41（9）：62－77.

[61] 李泽众，沈开艳. 城市群空间结构对经济高质量发展的影响[J]. 广东社会科学，2020（2）：26－36.

[62] 李增泉. 关系型交易的会计治理——关于中国会计研究国际化的范式探析[J]. 财经研究，2017，43（2）：4－33.

[63] 李志军. 中国城市营商环境评价[M]. 北京：中国发展出版社，2019.

[64] 梁若冰，席鹏辉. 轨道交通对空气污染的异质性影响——基于 RDID 方法的经验研究[J]. 中国工业经济，2016（3）：83－98.

[65] 梁双陆，梁巧玲. 交通基础设施的产业创新效应研究——基于中国省域空间面板模型的分析[J]. 山西财经大学学报，2016，38（7）：60－72.

[66] 林宏，陈广汉. 居民收入差距测度的方法与指标[J]. 市场与人口分析，2004（4）：63－66＋71.

[67] 林晓言，李明真. 高铁对沿线城市科技创新的影响——基于粤桂地区的实证研究[J]. 华东经济管理，2020，34（3）：94－102.

[68] 林晓言，石中和，罗燊，等. 高速铁路对城市人才吸引力的影响分析[J]. 北京交通大学学报（社会科学版），2015，14（3）：7－16.

[69] 林晓言. 高铁经济研究成果述评及基础理论走向[J]. 北京交通大学学报（社会科学版），2018，17（4）：20－37.

[70] 林毅夫，李志赟. 政策性负担、道德风险与预算软约束[J]. 经济研究，2004（2）：17－27.

[71] 林钟高，郑军，彭琳. 关系型交易、盈余管理与盈余反应——基于主要供应商和客户视角的经验证据[J]. 审计与经济研究，2014，29（2）：47－57.

[72] 刘冲，周黎安. 高速公路建设与区域经济发展：来自中国县级水平的证据[J]. 经济科学，2014（2）：55－67.

[73] 刘凤委，张人骥，崔磊磊. 地区市场化进程、市场分割与公司关联交易行为[J]. 财经研究，2007（6）：43－54.

[74] 刘李红，李红昌. 高铁与城市交通对城市碳足迹影响研究[J]. 北京交通大学学报（社会科学版），2017，16（4）：17－29.

[75] 刘启亮，罗乐，何威风，等. 产权性质、制度环境与内部控制[J]. 会计研究，2012（3）：52－61+95.

[76] 刘生龙，胡鞍钢. 基础设施的外部性在中国的检验：1988—2007[J]. 经济研究，2010，45（3）：4－15.

[77] 刘晓光，张勋，方文全. 基础设施的城乡收入分配效应：基于劳动力转移的视角[J]. 世界经济，2015，38（3）：145－170.

[78] 刘修岩. 集聚经济与劳动生产率：基于中国城市面板数据的实证研究[J]. 数量经济技术经济研究，2009，26（7）：109－119.

[79] 刘修岩，李松林，陈子扬. 多中心空间发展模式与地区收入差距[J]. 中国工业经济，2017（10）：25－43.

[80] 刘勇政，李岩. 中国的高速铁路建设与城市经济增长[J]. 金融研究，2017（11）：18－33.

[81] 龙玉，李曜，宋贺. 高铁通车与风险投资绩效[J]. 经济学动态，2019（1）：76－91.

[82] 龙玉，赵海龙，张新德，等. 时空压缩下的风险投资——高铁通车与风险投资区域变化[J]. 经济研究，2017，52（4）：195－208.

[83] 卢闯，张伟华，崔程皓. 市场环境、产权性质与企业纵向一体化程度[J]. 会计研究，2013（7）：50－55+97.

[84] 鲁万波，贾婧. 高速铁路、城市发展与区域经济发展不平等——来自中国的经验数据[J]. 华东经济管理，2018，32（2）：5－14+2.

[85] 陆晓禾. 论中国特点的经济伦理研究[J]. 哲学研究，2001（8）：54－59.

[86] 陆旸，蔡昉. 人口结构变化对潜在增长率的影响：中国和日本的比较[J]. 世界经济，2014，37（1）：3－29.

[87] 罗能生，彭郁. 交通基础设施建设有助于改善城乡收入公平吗？——基于省级空间面板数据的实证检验[J]. 产业经济研究，2016（4）：100－110.

[88] 吕越，田琳，吕云龙. 市场分割会抑制企业高质量创新吗？[J]. 宏观质量研究，2021，9（1）：29－44.

[89] 马光荣，程小萌，杨恩艳. 交通基础设施如何促进资本流动——基于高铁开通和上市公司异地投资的研究[J]. 中国工业经济，2020（6）：5－23.

[90] 马黎珺，张敏，伊志宏. 供应商—客户关系会影响企业的商业信用吗——基于中国上市公司的实证检验[J]. 经济理论与经济管理，2016（2）：98－112.

[91] 彭定贇，王磊. 财政调节、福利均等化与地区收入差距——基于泰尔指数的实证分析[J]. 经济学家，2013（5）：21－28.

[92] 饶品贵，王得力，李晓溪. 高铁开通与供应商分布决策[J]. 中国工业经济，2019（10）：137－154.

[93] 任莉莉，张瑞君. 供应商集中度、财务柔性与企业研发投入[J]. 研究与发展管理，2019，31（2）：67－77.

[94] 任晓松，刘宇佳，赵国浩. 经济集聚对碳排放强度的影响及传导机制[J]. 中国人口·资源与环境，2020，30（4）：95－106.

[95] 荣朝和. 交通—物流时间价值及其在经济时空分析中的作用[J]. 经济研究，

2011，46（8）：133－146.

[96] 邵帅，张可，豆建民. 经济集聚的节能减排效应：理论与中国经验[J]. 管理世界，2019，35（1）：36－60.

[97] 施震凯，邵军，浦正宁. 交通基础设施改善与生产率增长：来自铁路大提速的证据[J]. 世界经济，2018，41（6）：127－151.

[98] 孙楚仁，覃卿，王松. 城市中心性能促进城市出口结构升级吗？来自中国城市和城市群的证据[J]. 世界经济研究，2021（1）：17－31.

[99] 孙广召，黄凯南. 高铁开通对全要素生产率增长率的异质性影响分析[J]. 财经研究，2019，45（5）：84－98.

[100] 孙久文，蒋治.“十四五”时期中国区域经济发展格局展望[J]. 中共中央党校（国家行政学院）学报，2021，25（2）：77－87.

[101] 孙丽文，李翼凡，任相伟. 产业结构升级、技术创新与碳排放——一个有调节的中介模型[J]. 技术经济，2020，39（6）：1－9.

[102] 孙娜，张梅青，陶克涛. 高铁时代的城市经济增长路径与效益机制研究[J]. 经济与管理研究，2020，41（5）：1－20.

[103] 覃成林，种照辉. 高速铁路发展与铁路沿线城市经济集聚[J]. 经济问题探索，2014（5）：163－169.

[104] 谭建华，丁红燕，谭志东. 高铁开通与企业创新——基于高铁开通的准自然实验[J]. 山西财经大学学报，2019，41（3）：60－70.

[105] 唐跃军. 供应商、经销商议价能力与公司业绩——来自 2005—2007 年中国制造业上市公司的经验证据[J]. 中国工业经济，2009（10）：67－76.

[106] 田超. 首位城市过大是否阻碍省域经济协调发展——基于中国省级面板数据的实证分析[J]. 中国人口·资源与环境，2015，25（10）：87－94.

[107] 田志龙，陈丽玲，李连翔，等. 中国情境下的政商关系管理：文献评述、研究框架与未来研究方向[J]. 管理学报，2020，17（10）：1564－1580.

[108] 万思齐，杨励雅. 高铁建设对城市经济集聚的影响——基于地区和行业异质性角度[J]. 城市问题，2020（4）：40－50.

[109] 王峤，刘修岩，李迎成. 空间结构、城市规模与中国城市的创新绩效[J]. 中

国工业经济，2021（5）：114－132.

[110] 王俊. 经济集聚、技能匹配与大城市工资溢价[J]. 管理世界，2021，37（4）：83－98.

[111] 王鹏，李彦. 高铁对城市群经济集聚演化的影响——以中国三大城市群为例[J]. 城市问题，2018（5）：62－72.

[112] 王群勇，王西贝. 高铁网络对区域产业结构的影响——基于社会网络与空间计量模型的分析[J]. 现代经济探讨，2021（5）：82－91.

[113] 王永钦，李明. 理解中国的经济奇迹：互联合约的视角[J]. 管理世界，2008（10）：5－20+187.

[114] 王永钦. 市场互联性、关系型合约与经济转型[J]. 经济研究，2006（6）：79－91.

[115] 王勇，刘志远. 供应商关系与企业现金持有——来自中国制造业上市公司的经验证据[J]. 审计与经济研究，2016，31（1）：83－91.

[116] 王雨飞，倪鹏飞. 高速铁路影响下的经济增长溢出与区域空间优化[J]. 中国工业经济，2016（2）：21－36.

[117] 王媛. 市场可达性、空间集聚经济与高铁站区经济发展[J]. 财贸经济，2020，41（3）：131－145.

[118] 王赟赟，陈宪. 高铁通勤成本对地区收入差距的影响研究——基于城市群集聚效应的分析[J]. 价格理论与实践，2018（9）：95－98.

[119] 温忠麟，张雷，侯杰泰，等. 中介效应检验程序及其应用[J]. 心理学报，2004（5）：614－620.

[120] 吴剑峰，夏赟，孙泽宇. 供应商集中度的路径依赖与战略应对——基于创业板上市企业的实证分析[J]. 技术经济，2016，35（11）：43－49.

[121] 吴军，李健，汪寿阳. 供应链风险管理中的几个重要问题[J]. 管理科学学报，2006（6）：1－12.

[122] 吴奇兵，陈峰. 城市轨道交通外部效应量化计算方法探讨[J]. 铁道运输与经济，2004，26（7）：33－36.

[123] 吴一平，王健. 制度环境、政治网络与创业：来自转型国家的证据[J]. 经

济研究，2015，50（8）：45－57.

[124] 夏春玉，张志坤，张闯. 私人关系对投机行为的抑制作用何时更有效？——传统文化与市场经济双重伦理格局视角的研究[J]. 管理世界，2020，36（1）：130－145+239.

[125] 谢冬水. 合约形式、交易规模与经济绩效——对传统中国经济停滞的微观解释[J]. 财经研究，2014，40（4）：16－26.

[126] 谢露露. 产业集聚和工资“俱乐部”：来自地级市制造业的经验研究[J]. 世界经济，2015，38（10）：148－168.

[127] 谢申祥，王孝松. 贸易开放、FDI 与中国地区间收入差距——基于省际面板数据的经验分析[J]. 经济管理，2011，33（4）：1－9.

[128] 熊俊. 基尼系数四种估算方法的比较与选择[J]. 商业研究，2003（23）：123－125.

[129] 徐强. 高铁开通与企业全要素生产率——基于中国工业企业库数据的研究[J]. 现代经济探讨，2020（1）：71－78.

[130] 许春晓，姜漫. 城市居民出游的高铁选乘行为意向的形成机理——以长沙市为例[J]. 人文地理，2014，29（1）：122－128.

[131] 宣烨，陆静，余泳泽. 高铁开通对高端服务业空间集聚的影响[J]. 财贸经济，2019，40（9）：117－131.

[132] 杨宝良. 我国三次产业地理集聚的区位分析[J]. 探求，2003（3）：51－54.

[133] 杨丰来，黄永航. 企业治理结构、信息不对称与中小企业融资[J]. 金融研究，2006（5）：159－166.

[134] 杨金玉，罗勇根. 高铁开通的人力资本配置效应——基于专利发明人流动的视角[J]. 经济科学，2019（6）：92－103.

[135] 杨青，吉赟，王亚男. 高铁能提升分析师盈余预测的准确度吗？——来自上市公司的证据[J]. 金融研究，2019（3）：168－188.

[136] 杨思莹，李政. 高铁开通对区域创新格局的影响及其作用机制[J]. 南方经济，2020（5）：49－64.

[137] 杨思莹，路京京. 绿色高铁：高铁开通的减排效应及作用机制[J]. 财经科

学，2020（8）：93－105.

[138] 杨志强，唐松，李增泉. 资本市场信息披露、关系型合约与供需长鞭效应——基于供应链信息外溢的经验证据[J]. 管理世界，2020，36（7）：89－105＋217－218.

[139] 姚常成，宋冬林，范欣. 铁路提速对经济增长的作用机理研究——基于城镇化、产业集聚与市场潜力的视角[J]. 经济问题探索，2019（2）：29－38.

[140] 姚常成，吴康. 多中心空间结构促进了城市群协调发展吗？——基于形态与知识多中心视角的再审视[J]. 经济地理，2020，40（3）：63－74.

[141] 叶德珠，潘爽，武文杰，等. 距离、可达性与创新——高铁开通影响城市创新的最优作用半径研究[J]. 财贸经济，2020，41（2）：146－161.

[142] 叶琴，曾刚，戴劭勍，等. 不同环境规制工具对中国节能减排技术创新的影响——基于285个地级市面板数据[J]. 中国人口·资源与环境，2018，28（2）：115－122.

[143] 叶文平，李新春，陈强远. 流动人口对城市创业活跃度的影响：机制与证据[J]. 经济研究，2018，53（6）：157－170.

[144] 于秋阳，杨斯涵. 高速铁路对节点城市旅游业发展的影响研究——以西安市为例[J]. 人文地理，2014，29（5）：142－148.

[145] 余泳泽，潘妍. 高铁开通缩小了城乡收入差距吗？——基于异质性劳动力转移视角的解释[J]. 中国农村经济，2019（1）：79－95.

[146] 余泳泽，庄海涛，刘大勇，等. 高铁开通是否加速了技术创新外溢？——来自中国230个地级市的证据[J]. 财经研究，2019，45（11）：20－31＋111.

[147] 余壮雄，杨扬. 市场向西、政治向东——中国国内资本流动方向的测算[J]. 管理世界，2014（6）：53－64.

[148] 俞峰，唐宜红，张梦婷. 高铁开通对中国城乡收入差距的影响研究[J]. 国际商务（对外经济贸易大学学报），2020（4）：129－143.

[149] 昝欣，欧国立. 城市道路与城市居民收入差距——基于中国272个城市的研究[J]. 经济问题探索，2019（12）：89－101.

[150] 曾庆生，陈信元. 国家控股、超额雇员与劳动力成本[J]. 经济研究，2006

（5）：74－86.
[151] 张萃. 什么使城市更有利于创业？[J]. 经济研究，2018，53（4）：151－166.
[152] 张汉斌. 我国高速铁路的低碳比较优势研究[J]. 宏观经济研究，2011（7）：17－19.
[153] 张浩然，衣保中. 基础设施、空间溢出与区域全要素生产率——基于中国266个城市空间面板杜宾模型的经验研究[J]. 经济学家，2012（2）：61－67.
[154] 张俊. 高铁建设与县域经济发展——基于卫星灯光数据的研究[J]. 经济学（季刊），2017，16（4）：1533－1562.
[155] 张开迪，吴群锋，高建，等. 外商直接投资对大众创业的影响[J]. 中国工业经济，2018（12）：79－96.
[156] 张恪渝，廖明球，杨军. 绿色低碳背景下中国产业结构调整分析[J]. 中国人口·资源与环境，2017，27（3）：116－122.
[157] 张莉，朱长宁，曹莉娜. 沪宁城际高速铁路对区域可达性的影响研究[J]. 铁道运输与经济，2013，35（1）：82－87.
[158] 张梦婷，俞峰，钟昌标，等. 高铁网络、市场准入与企业生产率[J]. 中国工业经济，2018（5）：137－156.
[159] 张敏，马黎珺，张胜. 供应商—客户关系与审计师选择[J]. 会计研究，2012（12）：81－86＋95.
[160] 张天华，董志强，付才辉. 大城市劳动者工资为何更高？——基于不同规模城市劳动者收入分布差异的分析[J]. 南开经济研究，2017（1）：90－110＋52.
[161] 张维迎. 博弈论与信息经济学[M]. 上海：上海三联书店，上海人民出版社，1996.
[162] 张学良，聂清凯. 高速铁路建设与中国区域经济一体化发展[J]. 现代城市研究，2010，25（6）：7－10.
[163] 张学良. 中国交通基础设施促进了区域经济增长吗——兼论交通基础设施的空间溢出效应[J]. 中国社会科学，2012（3）：60－77＋206.
[164] 赵坚. 引入空间维度的经济学分析——新古典经济学理论批判[J]. 中国工

业经济，2009（7）：130－141.

[165] 赵静，黄敬昌，刘峰. 高铁开通与股价崩盘风险[J]. 管理世界，2018，34（1）：157－168+192.

[166] 赵涛，张智，梁上坤. 数字经济、创业活跃度与高质量发展——来自中国城市的经验证据[J]. 管理世界，2020，36（10）：65－76.

[167] 赵向阳，李海，Andreas Rauch. 创业活动的国家（地区）差异：文化与国家（地区）经济发展水平的交互作用[J]. 管理世界，2012（8）：78－90.

[168] 赵昕，刘静. 高铁开通的技术进步效应影响研究[J]. 现代经济探讨，2021（5）：92－100.

[169] 赵峥，张亮亮，陈志. 技术创新、城市化与城乡收入差距——基于城市面板数据的实证分析[J]. 中国科技论坛，2018（10）：138－145.

[170] 周迪，周丰年，王雪芹. 低碳试点政策对城市碳排放绩效的影响评估及机制分析[J]. 资源科学，2019，41（3）：546－556.

[171] 周浩，郑筱婷. 交通基础设施质量与经济增长：来自中国铁路提速的证据[J]. 世界经济，2012，35（1）：78－97.

[172] 周黎安. 晋升博弈中政府官员的激励与合作——兼论我国地方保护主义和重复建设问题长期存在的原因[J]. 经济研究，2004（6）：33－40.

[173] 周玉龙，杨继东，黄阳华，等. 高铁对城市地价的影响及其机制研究——来自微观土地交易的证据[J]. 中国工业经济，2018（5）：118－136.

[174] 诸竹君，黄先海，王煌. 交通基础设施改善促进了企业创新吗？——基于高铁开通的准自然实验[J]. 金融研究，2019（11）：153－169.